キャリア戦略

Deliberate Practice
Standing Self-employed within
an Organization

3Dラーニング・アソシエイツ代表
Sekijima Yasuo
関島康雄

プロ人材に
自分で育つ法
組織内一人親方の
すすめ

経団連出版

目次

プロローグ　「組織内一人親方」から「一人親方」へ……九
第1章　なぜ組織内一人親方をすすめるのか……二七
1　一人親方はおもしろい……二七
(1)　自分が自分の経営者……二七
(2)　自分で決めて実行できる……二九
(3)　組織に所属することの利点……三二
2　「仕事が人を育てる」システムの積極活用……三六
(1)　自分らしい生き方を発見できる……三六
(2)　仕事が人を育てる……三八
(3)　「期待」が人を育てる……四二

3 キャリア選択の幅が広がる……四四
(1) 会社の活動範囲は思いのほか広い……四四
(2) 独立には専門性とマネジメント能力が必要……四七
(3) 独立する際のリスクを低減できる……五〇
第2章 グローバル競争の時代……五六
1 ビジネスモデルによる競争の時代……五六
(1) ネットビジネス急成長と競争の加速化……五六
(2) 「奥行きの深い在庫」をめぐる闘い……六〇
(3) 勝つために必要なのは「相談される」こと……六三
2 求められる複雑性の制御……六七
(1) 「どこでつくるか」最適な組み合わせを探る……六七
(2) 複雑性の増大にどう対処するのか……七一
(3) 「時に相反する価値」のいずれをも追う……七五

3 ピンチもチャンスもある世界……七九
(1) 競争相手の範囲が広がった……七九
(2) 企業がもつ特徴点で競う……八三
(3) チャレンジ精神が広げる「おもしろい世界」……八九

第3章 日本企業の特徴……九四

1 ビジネスモデルは内部資源に左右される……九四
(1) 事前に決まる戦略と事後的に決まる戦略……九四
(2) 戦略的思考に欠ける日本企業……一〇〇
(3) 組織慣性の強さと内部資源依存体質……一〇四
2 「買う側が偉い」という不平等……一一一
(1) 顧客第一主義と契約概念の不足……一一一
(2) サプライチェーン・マネジメントが広がらない……一一八
3 リーダーシップ不在とその影響……一二三

(1) グループ討議が成り立たない……一二三
(2) リーダーシップとは何をすることか……一二七
(3) リーダーはあらゆる階層に必要……一三三

第4章 「一人親方」に自分で育つ……一三七

1 戦略目標を設定する……一三七
(1) 「グローバル競争時代の人材」をめざす……一三七
(2) 求められる人材の要件……一四七
(3) 「自分で育つ」の実現……一五三
2 戦略目標を具体化する……一五九
(1) イメージできない目標は達成できない……一五九
(2) 目標には階層がある……一六三
(3) 闘い方を選択する……一六七
3 戦略の成功・不成功の判定条件……一七三

(1) 目標到達へのプロセスを区分する……一七三
(2) 柔軟な中間目標があると努力しやすい……一七九
(3) 負けたことで得られる学びの機会……一八二

第5章 キャリア形成とリーダーシップ……一八六

1 価値観にもとづくキャリア形成……一八六
(1) 九〇年代に大きく変わったキャリア観……一八六
(2) 適職は自分でつくるもの……一九二
(3) 専門性とキャリア・パス……一九七
2 人が育つのに必要な三つの力……二〇一
(1) 育てる力を利用する……二〇一
(2) 育てる場がもつ特徴を生かす……二〇四
(3) 「育つ気持ち」が何より大切……二一〇
3 自分に対して発揮するリーダーシップ……二一三

(1) リーダーは自分、フォロワーも自分……二一三
(2) 状況に応じて対応の仕方を変える……二一九
(3) 一人親方に育つためのリーダーシップ……二二三
エピローグ　人材開発の位置づけを変える……二三一
おわりに

表紙カバーデザイン――日下　充典

プロローグ　「組織内一人親方」から「一人親方」へ

◆ある日突然、わかる。いつか機会は訪れる

「私が、いつか訪ねてみたいと思う都市や場所は世界にたくさんある。しかし、いますぐ休暇を取ってそこへ行こうとは考えない。そのうち、仕事やその他の理由によって、そこに行く機会と理由がきっと生まれるはずだからだ」

これは、いまから十年前に書いた本『組織内一人親方のすすめ』の書き出しである。一人親方とは英語のセルフ・エンプロイド（self-employed）にあたり、自分自身が経営者でもあり従業員でもあるような専門家で、自律的な生き方をする人のことだ。

この書き出しは、目標とそこに到達する手段の関係について考える手掛かりとして、私の体験を紹介したもので、キャリアに関する「計画された偶然性理論」にもとづいている。「キャリアの八〇％は予期しない偶然の出来事により形成される、ただし、自分にとって好ましい偶然が起こるよ

う日ごろから能動的な行動をとっている人には、結果的に、好ましい偶然が計画したように起こる」という理論である。この理論が有効なのは、いつか行ってみたいとかやってみたいという「漠然とした目標」が行動の前提になっている点だ。

おおかたの人は、学校を卒業し仕事を選ばなければいけないときに、あまり深くは考えていない。考えたつもりでも、自分らしさに対する理解が深まっていないので、結果的にあまり考えたことにはならない。しかし、仕事をしているうちにおもしろくなったり、やりがいを見つけたりして、いつのまにかプロと呼ばれるような人材に育っていく。子どものころからなりたいものがはっきりしていて、ずっとその夢を追いかけられる人や、音楽やスポーツなど特別な才能に恵まれた人は別にして、普通の人が「自分らしい人生」を送るのに適した方法である。

仕事と人生は、織物の経糸《たて》と横糸のように分かちがたく結びついている。自分らしい人生を送りたいと思えば、自分らしい仕事を見つけなければならない。しかし、自分らしいとはどういうことかが簡単にはわからないので、自分らしい仕事とは何かも、すぐには見つけられない。普通の人は、自分らしさとは何か、自分は何を好きなのかを、試行錯誤しながら時間をかけて発見し、それにふさわしいキャリアを自分で見つけるしかない。

そのための方法として、組織内一人親方をめざすというのは、優れた方法だと思う。なぜなら、自分がおもしろいと感じるだけでなく、会社もそういう人を求めており、何よりも会社という組織を利用することで自然と成長できるからである。私の場合もそうだった。そこで自分の経験にもとづき、できるだけ自分の言葉で、組織内一人親方であることが仕事をいかにおもしろくするか、自分らしい人生を送るのに役立つかを説明する本を書いた。まだ自分らしい仕事が見つけられない人に、あわてる必要はないこと、じっと自分を観察しながら仕事をしていれば、徐々に、あるいはある日突然、ぱっとわかるときがくることを伝えたかった。いつか機会は訪れるのだ。

◆成長したいという気持ちが衰えている？

十年の時が流れ、グローバル化は一層進展し、日本は失われた二十年を経験した。企業と個人を取り巻く環境も大きく変化した。だが、組織内一人親方を必要とする理由は変わっていない。いや、必要性がますます高まったことを外部コンテキスト（競争相手の動き、変化の方向までを含めた広い意味での環境条件のこと）の変化が物語っている。ビジネスモデルによる競争、複雑性の制御の必要性、世界中に競争相手と部材サプライヤー（広義：コンサルタントや弁護士など企業活動を支援する人々を含む）が存在するという二十一世紀の特徴は、企業に「自分らしさ」「専門性」「自律性」をもつ人材を要求しているからである。この三要素は、一人親方に要求されるものと同一なのだ。

一方で、そのような世界に適応していくことが求められる人々の内部コンテキスト（技術や資金などの資源、文化や習慣を含む）も大きく変化した。私は「経団連グリーンフォーラム」という課長クラス向けの選抜研修の講師を十年続けており、お蔭で課長クラスの育成上の問題点がどのように変化してきたかを理解することができた。

人が育つのに必要な力を整理すると、教育プログラムや上司といった「育てる力」、仕事を中心とする「育てる場」、それに本人の「育つ気持ち」の三つになる。なかでも重要なのが「育つ気持ち」である。自分に育つ気持ちがなければ、周りがいくら努力しても人は育たない。このいちばん大切な、育つ気持ちが最近、衰えていると思われるのだ。

特に気になるのが、最近のマネジャークラスの自信のなさと自己防衛本能の強さである。この傾向がこの二、三年強く感じられる。自分に自信がないので目標を下げる。変化は怖いので見ないようにし、身の周りのことだけに関心を寄せる。人を傷つけることを恐れるためか、意見をはっきり言わない。そのためグループ討議をしてもなかなかよい結論が出せない。これらの特徴は大いに問題である。なぜなら、目標が低かったり、変化から目をそらしたり、人と意見を闘わせることを避けたりしていては、とうてい自分で育つ気持ちは生まれないからだ。だが、この自信のなさは個々人がもつ不安なので、一般論では解消しにくい。では、どうするか。

前著『組織内一人親方のすすめ』で主張した方法は、「キャリア」「リーダーシップ」「戦略」の三つの切り口から、どういう努力をしたらよいか考えるヒントを教えることであった。答えは自分で見つけなければならない。答えを人に教えられるのではなく、自分で見つけた答えであれば、再現性が高く、それゆえ実行可能である。したがって、ヒントは示すが答えは読者がそれぞれ見つけ出してほしい、というスタンスであった。実際問題として、答えが一通りしかないことなどありえないからである。

しかし、どうもそれだけでは十分でないことが、わかり始めた。ヒントだけでなく、答えの見つけ方も教える必要がある。そのためには少人数制の、一定期間継続する、戦略論とリーダーシップに焦点を絞った人材開発プログラムをつくらなければならない。それは一定期間考えることを要求するむずかしい宿題があるカリキュラムで、仲間と競争することにより自分の位置づけがわかり、仲間から刺激を受けることで成長できるプログラムである。いつか実行してみたい、そう考えるようになった。

◆まずは、最初の一歩を踏み出すことが重要

行きたいと思っていると、いつか行けるという現象は、「したい仕事」にも当てはまる。いつかこういう仕事をしてみたいと思っていると、やがて機会がめぐってくる。

私は、組織のなかでそれなりの業績をあげることはできたと思う。人並みに昇進し、仕事をおもしろいとも感じていたからである。しかしそれが本当に自分の力によるものだったのか。どう考えても、私は上司と部下に恵まれた。仕事にも恵まれ、同僚にも助けてもらった。世の中で一人前の顔ができたのも、会社の名前のお蔭である。だが、会社の看板をはずし一人になったとき、自分の力で仕事をやっていけるのだろうか。組織に所属している間は本当の実力はわからない。いつか独立し、自分の実力を試してみたい。組織という枠組みを取り払っても、「一人親方」になれるかどうかを試してみたい。そう思っていた。しかし、なかなかその機会はなく、ついに定年になってしまった。

そこで、退職を機会に、これまでの経験を生かして仕事をしてみようと考えたが、社会人のスタート時と同様、何ができるかははっきりしないのだ。さすがに自分らしさについての理解は進んでいるが、自分のもつ専門知識のうち何が売り物になるかは、見当がつかなかった。先輩のなかには、定年後に家庭裁判所の調停委員や社会保険労務士になった人はいたが、技術系は別にして自分でビジネスを始めた人は、あまりいなかったからである。

とりあえず、人材開発コンサルタントという分野で仕事を始めることにした。『組織内一人親方のすすめ』では、歩き出すことが重要と主張していたので、歩き出さなければならない。必要な資金は退職金の一部と手持ちの株を売却したお金でまかなった。妻とは、この手持ち資金がゼロになったら、ただちにやめるという約束である。手持ち資金がゼロになるまでには、いくつか仕事がとれるのではと楽観的に考えた。在職中に本を二冊書いたので、読んだ人から声がかかるかもしれない。まずはやるべし、である。

当然、仕事をする場所が必要だが、自宅でというのでは本気らしくない。どうしようかと考えていたところ、慶応大学の花田光世教授から、友人が新橋に事務所を開くが、その一部を貸してもらえそう、という話が舞い込んだ。机一つ分のスペースが一ヵ月三万円という好条件だったので、机を二つ分借りることにした。これなら、電話やファクシミリ、パソコン、名刺や事務用品その他もろもろの立ち上げコストはかかるにしても、ランニングコストは抑えることができる。独立するとなると、いろいろな帳簿も作成しなければならず経理関係は手数がかかりそうだった。だが、NP

O法人サラリーマン自立支援センターを二〇〇四年に設立し、自立するサラリーマンをサポートされていた、理事長の瀬尾正勝さんと面識があったので、そこを利用すればよい。一緒にやろうというパートナーも見つかった。組織の名称は、独立自営業のネットワークという意味で、3Dラーニング・アソシエイツとした。

3Dラーニングとは、学習とは行動様式が変わることであり、そのためには「①知識やスキルを学び刺激を受ける、②それが心の動きと結びつく、③習ったことを使ってみる」の三つの局面が必要という考え方で、ヨーロッパの代表的なビジネススクールであるIMD（国際経営開発研究所）が開発した手法である。長年の友人であるIMDのプチック教授にいただいた本で勉強し、これは、「担当の先生が好きだと、その学科が得意になる現象」を手法化したものだと勝手に解釈して、他のコンサルタントとの差別化に役立てることにした。

いろいろな手助けがあって歩き始めることができた。二〇〇六年七月、六十三歳であった。

◆「組織内一人親方の数を増やす」というビジョン

3Dラーニングの基本のひとつが「習ったことを使ってみる」である。そこで、仕事を始めるにあたり、戦略的なアプローチを心掛けることにした。戦略とは、一言でいえば、遠くの丘の上の旗（ビジョン）にたどりつくための地図である。進むべき方向の地形や障害物を考慮に入れながら、自分の体力や装備を参考に、目標に至る筋道を考えたものである。実際に歩き出してみると思わぬ危険に遭遇し、ルートの変更や、場合によっては目標そのものの変更を余儀なくされることも想定しなければならない。

戦略論やリーダーシップ理論では、最上位の目標であるビジョンは重要な位置を占めている。それゆえ、3Dラーニング・アソシエイツを始めるにあたり、まずはビジョンを定めることにし、「組織内一人親方の数を増やすことに貢献する」と決めた。後述するが、グローバルな競争時代を企業が生き抜くためには、ベンチのサインをいちいち見ないでも仕事のできるプロ人材が、どうしても多数必要だからである。また、M&Aや、好況期のリストラが普通になったグローバル化した世界では、雇われる能力（employability）が重要であり、個人にとってもプロ人材であることが生き延びるための条件のひとつになってきているからである。

中位の目標は、3デメンジョナル・ラーニング（3DL）を活用した教育プログラムにより、「仕事は大変だがおもしろいと感じる人材の育成」とした。仕事をおもしろいと思えることが、プロ人材に育つ第一の条件だからである。下位の目標は、「撃て、狙え」戦略にもとづき、初めから決めるのではなく、ステージごとの状況に応じ、歩きながら具体的に決めることにした。

目標設定の次に重要なことは、目標が達成されたかどうかの判定基準をあらかじめ明確にしておくことである。判定基準が不明確だと問題が発生する。それゆえ、3Dラーニング・アソシエイツも各ステージの移行基準は事前に決めておいた。

第1ステージ（自立期）の目標は、四半期の期間収支の黒字化で、それができたら第2ステージに進む。第2ステージ（ブランド確立期）の目標は、組織内一人親方というコンセプトや3Dラーニングの考え方が広がり、「お客さんは日立グループ以外が六〇％以上を占める」とした。そうなれば元日立の関島というよりは、３Ｄラーニング・アソシエイツの関島になれたと判定できる。これが達成できれば第３ステージ（収穫期）に進み、活動を少しスローダウンして週休三日程度としながら、これまでの活動から得た教訓をベースに新しい人材開発プログラムをつくることに注力したい。教えると、教えた人からたくさん学ぶことができるので、そのノウハウを生かしたいと思ったのだ。

◆一人親方とは「自分で独立して稼げる人」

組織内一人親方をたくさん育てるという目標を説明するにあたっては、まず「一人親方」がどんな人かを理解してもらう必要がある。組織内一人親方の典型的な事例が北海道の旭川市にある旭山動物園にある。

旭山動物園は、動物がもつ本来の特徴的な行動が観察できるような、行動展示と呼ばれる考え方を最初に取り入れた動物園である。一九九六年ごろには入園者数が落ち込み、閉鎖の声もあがったほどだった。この危機を乗り越えて行動展示の考え方にたどりついたのは、飼育係が、いつかはこんな動物園をつくりたいと理想の動物園について語りあった結果である。アザラシやペンギンの泳ぎがどんなに速く美しいかを見せたいという夢を実現するために、通常は専門の業者に任せっきりにする施設の設計や建設にもかかわった。動物の世話はもちろん、観客への解説も自分たちでする。「きょう、ペンギンの赤ちゃんが生まれました」というニュースを知らせる看板も飼育係がつくる。

このような努力の結果、一九九六年の入園者二十六万人が、二〇〇四年四月から九月末までの半年間で百八万人に達したという(『週刊東洋経済』二〇〇四年十月十六日号)。

旭山動物園の飼育係は、動物の行動の見せ方を工夫してお客さんを喜ばせる演出家であり、舞台装置家でもあり、さらには広報担当者でもある。動物園という組織内にあって、何よりもそれぞれの動物の専門家としての知識を活用しながら、お客さんに驚きを与え、楽しませ、動物に対する理解を深めるという動物園本来の目的達成に貢献している。これはまさに、組織内一人親方がビジネスのうえでとても有効なことを示す良い例である。

組織内一人親方は、組織の本来の使命や目標は何か、どうすればそれらに貢献できるのかなど、全体の方向をまず考えるという意味で、経営者である。組織を変えるだけでなく業界をも変える影響力をもつ経営者と考えてよい。それは、行動展示の考え方が他の動物園にも広がり、夜の行動を見ることができる動物園や、暗闇で猛獣の吠える声を聴くことができる動物園などが生まれていることからもわかる。

一方、自分の専門性をどう活用するかと考え、個別の仕事の出来栄えに責任を負うという意味では従業員でもある。経営者であり従業員でもあるという特徴を別な形で表現すると、「自分で独立して稼げる人」になる。仕事の値段も段取りも自分で決め、自分で実行し、結果に責任を負うという専門職である。芸術家やプロスポーツ選手がその典型で、個人事業主や自営業の人々も当てはまる。

会社に勤める人は、一つひとつの仕事を「いくらでやります」と会社から請け負っているのではなく、就業規則その他の包括的な契約のもとで給与をもらうので、親方とは呼びにくい。チームで仕事をすることが多いので、一人でもない。しかし組織に所属しても、一人親方のように、その専門性を売り物にでき、仕事の出来栄えに責任を負うこともできる。雇う人と雇われる人は対等であり、必要があれば議論も闘わせるといった気概をもつこともできる。組織に所属しても、一人親方の特徴点を生かして仕事ができるのだ。

◆「撃て、狙え」は機能した。しかし想定外の事態が…

会社という看板を外して自分の力量を試してみたいと力んでみても、当然のことながら、事務所開設当初のお客さんは、日立グループが八〇％以上であった。いちばん初めの注文も、独立してから十三日目の『労政時報』からの執筆依頼で、日立総合経営研修所のホームページ経由であった。

しかし三年目あたりから、他の民間企業、経団連事業サービスや日本能率協会などからも講師の依頼が入り始めた。想定外だったのが大学で、静岡大、横浜市大、北大、慶応大などからキャリア開発についての講演依頼があった。大学も変革期にあり、民間の知恵を取り入れようという動きが出てきたのだと思う。この間に『チームビルディングの技術』という本も書くことができた。「撃て、狙え」はうまくいったのである。「撃て、狙え」とは、目標を決めて（狙って）撃つのではなく、敵のいそうなところに向かって撃ち、撃ち返してくれれば敵がそこにいることがわかるので、今度は狙って撃つという手法である。撃ってみたら、民間企業以外の組織も、撃ち返してきたのだ。

そんなわけで、スタート時点でつくった三年ごとのステージ区分を順調に達成し、第3ステージへと進むことができそうに思えた矢先に、異変が起こった。二〇一一年一月に食道がんが見つかったのだ。

突然、がんだと診断されたら、だれでも驚く。抗がん剤の副作用に苦しみながら、今後どうしようかと考えた。人間、死ぬかもしれないとなると、やはり普段考えないことを考えるものだ。もっとやっておけばよかったと思うことがいろいろ思い浮かぶ。妻に十分お礼を言っていない、弟と相続問題について話しあっていない、などなど。しかし、いちばんの問題は、始めてしまった一人親方としての仕事、3Dラーニング・アソシエイツの今後である。

いったい何を成し遂げたいと思ってやり始めたのか、思ったことは実行できたのか、約束した仕事はどうするのか。「戦略を実行する際は思わぬリスクが発生するので、柔軟に対応すべき」と言ってきたのに、まだまだ持ち時間があると思って、このリスクは計算に入れていなかった。残り時間を何に使うかを決めなければならない。もしまだ仕事が続けられるとしたら、何をするべきか。これまでやってきたことをベッドの上でいろいろ振り返りながら考えた。五回の入院で時間はたっぷりあった。

◆戦略とリーダーシップを教える機会に乏しい

3Dラーニング・アソシエイツのこれまでの活動を振り返ってみると、第2ステージの目標であるブランドの確立は、達成できたといえなくもない。しかし本来の目的である組織内一人親方の育成にどれだけ貢献できたか、となると問題なしとしない。なぜなら、一人親方に自分で育つためには何よりも戦略的思考とリーダーシップが必要なのだが、それらについて集中的に講義はしていないからだ。

戦略とは本来、達成に時間がかかり、競争相手（時間やお金も含まれる）もいる、むずかしい課題の解決に必要なものである。「自分で組織内一人親方に育つ」というテーマにふさわしい道具であり、勝つための武器といってもよい。一方、リーダーシップは他人に対してだけでなく自分にも発揮すべきもので、特に一人親方の三要素のうちの自律性と自分らしさを育てるために必要である。自分に関する大きな絵を描き、それに向かって努力するよう自分自身を動機づけ、実行を支援できなければ、自律性は育てられない。また、自分らしさを知ろうとすれば、どういうことをしているときに時間が経つのが早く感じられるかなど、自分と状況との関係を丁寧に観察することが必要で、自分を観察するためには自分に対してリーダーシップを発揮する必要がある。

３Ｄラーニング・アソシエイツでのそれまでの仕事の多くは、企業の部長研修や課長研修の一コマで講演するというものである。あるテーマで話してほしいという依頼に対し、依頼者側の問題意識を確かめたうえで、それならこのような内容でどうですかと提案し、詳細を詰める形をとっていた。しかしこのスタイルだと、専門は人材開発だと思われているので、テーマは、部下の育て方やグローバル時代の人材育成が中心で、戦略やリーダーシップについての依頼は少ない。人材開発プログラムの本来のあり方は、外部コンテキストと内部コンテキストを照らし合わせて戦略を選択し、その戦略の実行手段のひとつとして人材開発がある、というものなので、戦略的な思考は不可欠なのだが、戦略的思考そのものは講義の対象にはならない。

また、教え方に不満足な部分がある。一コマだけを担当する方式だと、受講生と接触するのは一回だけなので、受講生がどのように変化したかが観察できない。講演後のアンケート調査に「おもしろかった、よくわかった」などの感想が書かれていても、3Dラーニングの最後の局面である「実際に習ったことを使ってくれたかどうか」が、確認できない。講義の結果、刺激を受けて成長する場合と、そうでもない場合の両方が確認できないと、教え方の改善もしにくい。一回限りでなく期間をおいて受講生を観察できるようなプログラムを担当する必要があるのに、少しの例外を除いて、その機会に乏しいのだ。

課長クラスの最近の弱点についての対応策も、まだ試みていない。組織内一人親方の育成に貢献するという目標の達成には、やり残したことがまだたくさん残っていると判断せざるをえない。そもそも、組織を離れて一人親方になったのは、自分の力を試したいと思ったからなので、この種のプログラムを試みないで終わってしまっては、悔いが残る。

一人親方の良い点は、リスクをともなうことを自分一人で決められることである。リスクがあるから、おもしろいのではなかったか。そうであれば、受講生が集められるかどうかや採算性の心配は二の次でよい。「いま、実行できる力があるからやるのではない。できないから、いまから始めておくのだ」とは、戦略論でいうオーバーエクステンションの考え方である（『経営戦略の論理』

伊丹敬之）。幸い、手持ち資金は残っている。もし生き延びられたら、もう一度「撃て、狙え」で、3Dラーニング・アソシエイツの独自セミナーを開催しよう。これが療養中のベッドの上での結論であった。

◆独自セミナーを開催。やはり機会は訪れた

3Dラーニング・アソシエイツの独自セミナーは、「マネジャーのための戦略論入門」「マネジャーのためのリーダーシップ入門」として、二〇一二年七月以降に実行することができた。どちらも一週間に一回の授業を五回というインターバルをおいた学習で、参加するためにやらなければいけない事前課題と、毎回の宿題が特徴である。最近はマネジャークラスでさえ「答えを教えてもらいたがる」というのが定点観測の結論なので、セミナー・コンセプトのひとつを、「答えを習うのではなく、答えの見つけ方を習う」とした。

テキストは『組織内一人親方のすすめ』を当面使用することとした。「今後、ますます組織内一人親方の必要性が高まる理由を、戦略理論やマーケティング理論の立場から説明するとともに、一人親方に自分で成長するための方法をコーチングしたい」という趣旨で書いた本だからだ。だいぶ前の執筆だが、グローバル化の進展とともに、ベンチのサインをいちいち見なくても仕事のできる専門家は、ますます必要になっているので、テキストとしての有効性は失われていない。だが、新しい変化を書き加える必要がある。改定するなら、組織内一人親方に自分で育つという目標を達成するための戦略という視点と、自分に対して発揮するリーダーシップの解説という視点をより強め

たい。そう考えて改定に着手した。始めてみると大部分が書き直しになってしまった。

◆実践「プロ人材に自分で育つ法」

本書は、プロ人材に自分で育つことを応援する本である。サブタイトルを「プロ人材に自分で育つ法　組織内一人親方のすすめ」としたのは、前著『組織内一人親方のすすめ』執筆以降の十年間の変化を織り込んだからで、続編でもありバージョンアップ版でもあることを意味する。

改定にあたってのポイントは三つある。第一は、戦略的思考を教えることのウエートを高めたことである。グローバル化が進展しビジネス環境の不確実性が増していることから、キャリアをより戦略的に追求する必要がある。もう一つのポイントは、これまでの講義を通して受講生から学んだことを織り込んだことである。たとえば、グローバル化という現象のどこがわかりにくいのか、なぜわかりにくいのかなどが理解できたので、そういう部分の説明を厚くするよう心掛けた。三番目のポイントは、戦略論やリーダーシップ理論との関連にも触れ、自分で勉強するときの手掛かりとなるよう工夫したことである。理論と実践を行ったり来たりしなければ、本当の意味で力はつかないからである。

本書の構成は次のようになっている。

目標とするプロ人材は、前著同様、組織内一人親方と定義している。第1章ではまず、なぜ組織内一人親方になることをすすめるのか、その理由を説明する。この目標が「目標とするに足るものだ」ということを理解してほしいからだ。この目標が普通の人に適している点を、特にわかってほしい。やりたいことや自分らしいということは、すぐにはわからなくてもよいのだ。また、この十年間は、私自身が組織内一人親方から一人親方になった期間であり、そのことにより改めて理解できた組織内一人親方のメリットを書き加えた。

第2章以下は、戦略をつくるときの手順に従って書かれている。内外コンテキストを点検し、やりたいことを見定めて戦略目標を設定し、実行手段を考えるという順序である。

第2章では、外部コンテキストの点検として、グローバル競争時代の特徴について考える。グローバル競争の時代に、組織内であれ組織外であれ、一人親方タイプの人材が多数必要になってくることには理由がある。それは、二十世紀末から今世紀の初めにかけて起こった大きな変化によるものだ。プロ人材に自分で育つための条件を考える前提として、この変化（外部コンテキスト）について考えてみる。外部コンテキストがわかれば、組織内一人親方になることをすすめる理由も理解しやすくなる。グローバル競争の時代は、ビジネスモデルによる競争が主流で、複雑性の制御という課題に取り組まなければならず、そのためピンチもチャンスも数多く生まれる、おもしろい時代である。個人ができることの範囲もどんどん広がっている。

第3章は、日本企業とそこで働く人がもつ特徴を検討する。戦略論でいう内部コンテキストの点検に相当する。ビジネスモデルが内部リソースに左右されやすいこと、買う側が偉いという不平等が存在すること、リーダーシップの不足がその特徴である。

第4章では、具体的な戦略を策定する。戦略目標とその詳細を明らかにして戦略の成功・不成功の判定基準を定める。戦略が失敗だったとしても、負けた側が勝った側より多くを学ぶことができることは歴史が証明している教訓で、失敗を恐れる必要はない。

第5章は、いよいよ戦略実現能力について考える。戦略を実行するに際して、どうしても必要とされるのが、キャリア観とリーダーシップである。自分で育つためには、キャリアについての理解と、自分に対して発揮するリーダーシップが、何よりも求められるからである。キャリアでは一人親方のレベルとそれに至る道筋を解説し、リーダーシップでは、その育て方に触れる。

全体として、プロ人材に自分で育つ方法をイメージできるようになれば、本書の狙いは成功であり、そうでなければ失敗ということになる。

前著では、「撃て、狙えという手法を使うと、物事は徐々に、あるいは突然わかる。だから、歩き出す前に、あまりうろうろしないで、まずは歩き出すことだ」と主張した。しかし、そう書いたわりには、私は歩き出す前に相当うろうろした。おおむねの方向を決めて歩き出すのは、簡単ではないのだと改めて実感させられた。だから本書が、「プロ人材をめざしたいと思うが、どうしたらよいか」と考えている人の背中を押すことができればよいと思う。歩き出さなければいけないときには、最初の一歩を踏み出すことが肝心なのだから。

第1章 なぜ組織内一人親方をすすめるのか

普通の人が自分らしい人生を送るには、組織のなかで一人親方をめざすのがもっとも適している。組織を利用すると能力を伸ばしやすく、キャリア選択の幅を広げられるからである。

1　一人親方はおもしろい

(1)　自分が自分の経営者

◆英語でいうとself-employed

一人親方を英語ではどう言うのかという質問を時々受ける。詳しく調べてはいないが、本書の「一人親方」にもっとも概念的に近いのは、self-employed である。文字どおりに訳せば、自分で自分を雇っている人となり、自営業者を指す。自作農、個人事業主など、だれかに雇われているのではなく、自分で仕事をして、その収入で生活している人が該当するが、世界という舞台で活躍する芸術家やスポーツ選手もその仲間である。私の妻は現代工芸作家で、個展のプロモーションから販売価格の設定、作品の設計から製造、製品の納入まで一人でこなす。当然、収支の責任も負う。このように一つの事業を全部一人で行なうには経営者的センスが必要になる。また作業するのも自分なので、従業員として優秀でなければならない。self-employed とは経営者でも従業員でもある人である。

スポーツ選手の場合、たとえばアメリカ大リーグのヤンキースに所属していても、それは契約期間内のことであり、契約内容は、雇う人と一対一の対等な関係で交渉し、与えられる仕事の内容と報酬が自分の実力にふさわしいと経営者として判断し決めている（交渉自体は普通は代理人）。プレーヤーとして活躍する部分は従業員としての役割である。注文を受けて、自己の責任でサービスを提供し報酬を得るので、一時的に雇われていても職業の成り立ちとしては個人事業主である。

self-employed という単語は職業を示し、アメリカで確定申告をするときは職業区分に使われるが、ライフスタイルを象徴するものでもある。「他人の世話にならず、自己責任で生きていて偉い」というニュアンスもあり、この点が「一人親方」と共通なのだ。

日本語の一人親方は、本来は職人世界の言葉で、棟梁のような大勢の職人を使う立場ではないが、親方として周りの職人と対等な関係で一塊の仕事を請け負う人のことである。前工程、後工程が十分わかっていて、突発的に起こった事象にも対応できる。工程管理もしっかりしているので、大まかな指示だけで事が足りる。やはり自己責任で生きていて一目おかれる存在である。

上記のようにはとらえず、「一人親方」を勝手な行動をしてチームワークを乱す人と解釈されている例を見かける。これは、現在の日本では職人文化が希薄になり、職人に対する尊敬が薄れたことによるものだ。一人前の職人と認められる人が前工程も後工程も考えずに仕事をするはずはない。左官屋の仕事内容も水回りも考えずに家を建てる大工は一人前の職人とはいえないわけで、一人親方を否定的にとらえるのは、職人への理解が足りないからにすぎない。

いまはあまり使われなくなった言葉に「腰弁」がある。腰に弁当をぶらさげて職場に赴く「腕一本で生きていくことができず人に使われる」人なので軽んじられた。初めは腰弁でも、見習いの間に努力して技術を習得し、親方とはどうあるべきかも勉強して早く一丁前の職人になれ、がその意味合いである。現代の日本では働く人の大部分が腰弁（サラリーマン、サラリーウーマン）になってしまったので、いつのまにか大企業で働く人が、そうでない人より偉いようなイメージができ上がっている。そのため部長や課長という肩書きがつくだけで偉そうにする人が出てきてしまったが、「自己責任で生きる」という度合いで測ると、やはり腰弁であり、あまり威張れたものでもない。

東南アジアや中国で事業をしてみてわかるのは、従業員が一人前になるとすぐに転職したがるという傾向で、これは、人に使われるのではなく早く独立して自分の事業を始めたいという願望があるためだ。一人親方になりたいという感覚には普遍性があると考えられる。

(2)　自分で決めて実行できる

◆製造現場でも広がる「一人親方」方式

一人親方をすすめる理由は、なんといってもおもしろいからだ。自分で決めて、自分の好きな方法で実行でき、結果は直接、自分に跳ね返ってくる。

アメリカでは一塊の仕事をだれに任せるかを決めるときに、「この仕事のオーナーシップ(ownership)をだれに与えるか」と表現する。オーナーシップとは「所有者たること」という意味であり、実行の責任とその結果を負う。つまり「自分のやりたい方法でやってよいが、うまくいっても失敗しても、それはあなたの責任」ということだ。これは、一人親方の通常ルールである。

組織内であっても、一人親方のようにその専門性を売り物にできるし、仕事の出来栄えに責任を負うこともできる。人は一塊の仕事を任せられると仕事にやりがいを感じがんばる。そのため、全体の作業の一部を分担させるのではなく、できるだけ広い範囲を任せるほうが効率的である。この考え方が製造の現場に変化をもたらしつつある。

たとえば、ある会社の自動乾燥洗濯機の組み立て作業は、従来の流れ作業に代えて、一人で一台全部を組み立てる方式に変更されている。重い洗濯機のフレームの上下をひっくり返したり、裏返したりする作業をともなうので、そのサポート用の作業台や、作業の進行に応じて適宜必要な部品を供給する仕掛けが不可欠だが、とにかく一人で組み立ててしまう。機種の変更にも対応する。そのため、作業効率もでき上がった洗濯機の不良率も各人別に把握される。一人組み立てにすることにより、当初の設備の費用や人件費が高くても、東南アジアや中国の工場で生産される洗濯機にコスト面でも対抗でき、従業員の満足度も高いという。

自分で決めて、自分で実行、結果に責任を負うという一人親方方式のよさを世の中に知らせた最近のケースに、ソチ冬季オリンピックのアメリカ女子選手の事例がある。オリンピック代表候補選手になると、強化チームのメンバーになりトレーニングの費用やメンタル、フィジカル両面のコーチの指導、健康管理サポートを受けることができるのが普通だが、この選手は強化チームのメンバーに入らないことを選んだ。そして自分でトレーニング計画を立て、自分に合ったコーチを雇い、自分の好きな場所で練習した。その資金を集めるために自分でスポンサー探しにも駆け回った。なぜそうしたか。「そのほうが自分らしいしアメリカらしい」と考えたためだ。国をあげてスポーツエリートを育てる方式に一石を投じた出来事である。

◆同じ人が「考え」「実行する」

自分で決めるためには、自分で考えなければならない。一人親方方式は、別な表現をすると「考える」と「実行する」の間の距離を短くするということだ。これを会社経営で端的に実行したのがＧＥのジャック・ウェルチである。それまでのＧＥの仕組みは、事業を事業部単位よりは小さい組織ＳＢＵ（Strategic Business Unit）に分け、ＳＢＵごとに戦略立案を担当する専門スタッフが存在した。その戦略を実行するのはラインである事業部門である。典型的なライン・スタッフ制で、戦略論でいうと、「戦略とは、事前に目標を定めて、その目標を達成するための計画を合理的に決めるもの」とする計画学派の考え方に近い。戦略を考えるのは本社のスタッフで、決めるのはＣＥＯなどの経営幹部、実行は実戦部隊ということになる。この方式の問題は、考える人と実行する人の距離が遠いので、いわゆる官僚制の弊害が発生しやすい点にある。現実主義者で、ビジネスを行なうえでＡｈ‐Ｈａ（「ああ、そうか」とわかったこと）をただちに実行したいウェルチにとっては、受け入れがたい仕組みであった。そこでＳＢＵを解体し、所属する戦略立案スタッフを大幅に削減した。「ビジネスを実行する人が自分で戦略を考えよ」というわけだ。組織全体の運営方式を一人親方方式に切り替えた例といえよう。

(3) 組織に所属することの利点

◆一人では経験できない大きな仕事も実行できる

私が組織を離れて本当の一人親方になってみて、おもしろいと思ったことは多々あるが、一方で組織内一人親方をうらやましく感じることもたくさんある。たとえば秘書的業務である。出張に行くためには、切符や泊まる場所を手配しなければならず、資料も自分で準備しなければならない。特に大変なのはスケジュール管理で、日程調整上「空いている日をお知らせください」という依頼が曲者である。複数の日時を回答しても、なかなか先方が決めないと、候補日に別な予定が入ってしまう。別なところからも「空いている日を」という依頼がきて、先に知らせた「空いている日」を、こちらにも空いていると言っていいかどうかと迷う。事務用品の管理、パソコンやプリンターのメンテナンスも一仕事である。資料の印刷中にインクや用紙が切れて買いに走るということもしばしば発生する。こういう仕事を担当してくれる人がいれば、もっと本来の仕事ができるのにと思うのだが、それは身の回りの仕事を雑事とみなす偏見と考えなければならない。リーダーシップ論の項で詳しく説明するが、雑事は部隊に奉仕する指揮官であれば、率先して片づける努力をしなければいけない事柄である。大きな組織には秘書職、庶務職といった専門職務が存在する。そういう職務のお蔭で、自分の専門業務に専念でき、大きな仕事にも取り組めるのだ。組織にいるうちは当然のように思って、感謝が足りなかったと反省せざるをえない。

組織から離れてみると、「会社はずいぶんと費用を負担してくれていたものだ」と実感する。まずはオフィス代である。二〇一三年八月に東新橋のイタリア街という、少し日本離れした雰囲気のところに、ようやく自分だけの事務所を構えることができた。十人ほどのセミナーを開けるスペースがあるので一人用のオフィスとしては贅沢なのだが、それまでの間借りから比べると、費用は五倍にもなった。費用負担は大変で、月の売り上げが家賃に満たないこともしばしば生じる。次いで交通費も大きい。相模鉄道の星川駅からJR新橋駅までの通勤費に加え、時々の出張旅費やタクシー代が月平均八万円前後になる。年に数回、海外の会議に参加すると、エコノミークラスを使ってもホテル代を含めた出張費用は、六十万～七十万円かかる。交際費もある。「こういう仕事をしています」というPRのためには、大学や高校の同窓会、クラス会への出席が必要であり、関係した職場のOB会での先輩や後輩との情報交換は、ネットワークの維持に欠かせない。新しい情報の入手のためには海外で開かれる会議やセミナーにも参加しなければならない。組織を離れた場合の交際費は、良い関係をつくるための接待費というより、もっと切実な必要経費の感がある。

現代工芸作家の妻は、会社勤めの人は甘やかされていると言う。彼女の場合、展覧会の会場までの電車賃も、打ち合わせ時のコーヒー代も研究のための資料代も全部、自分持ちだからで、独立してみるとその言い分はよくわかる。会社は給料や賞与のほかにこういった費用をくれていたのだから大変だったとも思う。

組織に所属するとは、会社のお金を使って、一人ではできないことを実行でき、経験できるということだ。束縛や我慢を強いられることも多いが、会社という組織を使えば、大きな仕事も実行できるという良い点を見過ごしてはならない。

◆相談できる人が身近にたくさんいる

だが、組織内であることのもっとも有利な点は、身近に専門家がたくさんいることだ。経理上の問題、法務上の問題、知的財産権上の問題など、困ったときにいつでも無料で相談できる。だからこそ大きな仕事やむずかしいプロジェクトにも挑戦できる。このことは、組織を離れてみて特に強く感じる。

以前、ある大学で、就職を希望する工学系博士課程の学生向け研修プログラムを開発したことがある。いわゆるポスドク問題解決の一助とするためのプログラムで、企業に入ると幅広い知識が要求されることから、専門分野の狭い範囲にとどまらず広く勉強してほしいことを訴えるために計画された。カリキュラムには、技術者に基礎的な知識が欠けていたゆえに起こったトラブルの事例を多く取り入れたところ、企業勤めの経験のある教授の方々も、「そう、そう。こういうことが学生はわからない」と提案に同意してくれた。

ところが実際に契約をするときになって、契約の方式に問題が生じた。随意契約ではなく競争入札により契約者を決定するべきであると大学の調達部門からコメントが出たのだ。そのことは、わからないではない。だが競争入札であれば、入札の条件を示す仕様書を提示してもらわなければ入札できない。そして仕様書をつくるのは大学であって、私ではないのだ。ところが大学には、「工学系のドクターや修士が民間企業に就職したときに必要な知識は何か」について十分な情報がないから、カリキュラムの設計を依頼したのである。

実は、「買いたいものはわかっているが、その仕様が明確にはわからない」というのはＩＴシステム受注の際は普通に起こることである。こういう場合の契約の決め方が、ハード中心で成長した日本は未成熟なので、便法として「競争入札であったが、入札条件に適ったところは一社だけだった」という形式要件を整えることで代用することになる。あるいは、お客さんとベンダーが共同して仕様書をつくる作業を別契約にする方法もある。でき上がった仕様書をもとに競争入札を実施する。仕様書作成に加わったベンダーは、初めて仕様書をみるベンダーよりも当然、入札書類をつくるうえで有利な立場に立ちうるというメリットがあり、仮に入札で負けても、仕様書作成にかかったコストは別契約により回収できる仕掛けだ。

この事例では、仕様書も教授方と相談してつくってほしいという依頼だが、すでにカリキュラムという製品はできてしまっている。仕様書をみて公募、応札する人がいたとして、その人が受注してしまうなら、私のこれまでの努力は無になってしまう。かといって私が圧倒的に有利となる入札条件を定めては、公平な競争という入札の原則に反する。同業者が応札してもよいと感じる金額、納期、付帯条件はどの程度かの見当がつかず、とても困った。大学や官庁を顧客とする部門があれば、そこにたずねられる。相談する人が身近にいることのありがたみを再度認識した出来事であった。

2 「仕事が人を育てる」システムの積極活用

(1) 自分らしい生き方を発見できる

一人で独立して仕事をするのはおもしろい。しかし私の経験では、組織のなかで一人親方的な姿勢で仕事ができれば、同じようにおもしろい。しかも一人親方は、自分らしい生き方を発見するのに便利な方法でもある。特別に優れた才能があったり、やりたいことがずっと前からわかっている人は別にして、自分の特徴はぼんやりわかってはいるが、まだやりたいことがはっきりしていない普通の人には、組織に所属していろいろ経験しながら自分を発見することをおすすめする。

私の場合も、仕事を選んだのではなく会社を選んだといえる。この会社に入れば世界を駆け回るビジネスマンになれるという漠然とした目標がかなえられそうと思っただけで、自分がビジネスに向いているかどうかなどは考えもしなかった。しかし、そんな私が特別なのではなく、普通のやり方だと思う。肝心なのは、仕事がそのうちおもしろくなるかどうかである。

「自分に合っていれば、おもしろい」のではなく、「おもしろくなれば、自分に合っている」のだ。

◆時間をかけて仕事の醍醐味を見つける

スポーツを例に考えてみたい。あまりに初心者だと、そのスポーツの本当のおもしろさはわからないので、ある程度のレベルに達するまで継続しなければならない。継続できたとすると、それはすでにそのスポーツのどこかにおもしろさを発見しているはずだ。仕事も同様で、おもしろいと感じるには、ある程度の技量に到達しなければならない。そのため時間がかかるが、ある程度続けられれば、自分では気づいていなくてもおもしろい点が見つかっているのだ。

おもしろくなる理由はいろいろある。小中学校でどの学科が好きだったかを思い出してみると、先生に対する好き嫌いで左右されている場合が多いはずだ。同様に、良い上司に恵まれればその仕事が好きになる。進歩がわかればおもしろくなる。責任が増えるとやりがいも出てくる。

仕事は、少しやってみただけでは自分に合っているかどうかを判断しにくい。この会社、あの会社と転職を繰り返していては、肝心な仕事の能力を鍛えることがむずかしく、おもしろいとわかる水準に到達できない。したがって、ある程度の時間は一つの組織に所属し、いろいろ経験しながら自分に合った仕事を発見するのが普通である。適性がない仕事については、会社のほうでも配置を考えてくれるはずである。人を有効に使わなければ競争に勝てないからだ。組織に寄りかかるだけで、組織に所属する利点を積極的に生かすつもりがなければ、組織の側からも歓迎されない。

自分らしいとはこういうことかと、かなり具体的にわかったときには、私はすでに三十五歳になっていた。以降、仕事遂行上で悩むことはあったが、自分自身については悪い点も含めてそういうことかと納得してあまり悩まなくなった。ゆっくりわかるタイプの典型かもしれない。しかしそんなものだとも思う。

(2) 仕事が人を育てる

◆育つためにはむずかしい仕事が必要

なぜ組織内一人親方をすすめるかというと、成長するためには仕事が必要だからだ。人が育つのには、上司や教育プログラムなどの「育てる力」と、成長したいと自分で思う「育つ気持ち」、学んだことを実際の場面で使って身につける「育つ場」の三つが必要であり、仕事は「育つ場」としてもっとも重要だからである。

会社に入れば、やさしい仕事も、むずかしい仕事もある。おもしろい仕事も、つまらない仕事もある。やさしい仕事から始め、腕が上がるに従ってむずかしい仕事が回ってくる。成長に必要なのは、現在の実力より少しむずかしい程度の、努力すればなんとかできそうな仕事である。一人前の専門家に育つために貴重な機会であり、そういう仕事に恵まれれば、人は少しずつ成長する。

だからといって、「やさしい仕事は大切ではない」というわけではない。同じ仕事の繰り返しは、自分の能力がどのくらい向上したかをテストする機会としても、また前回より速く、上手にこなすにはどうしたらよいかを考える機会としても貴重である。繰り返しの多いルーティン業務をつまらない仕事とさげすんでは、能力向上のチャンスを失うだけだ。さらには、全力投球が必要なむずかしい仕事ばかりでは疲れてしまう。少し力を抜けるやさしい仕事もないとやっていけない。むずかしい仕事と、やさしい仕事の組み合わせが大切なのだ。

専門家としての腕前は、私の経験では、直線的に上がるのではなく階段状に上がる。「努力してもなかなか上がらないな」と思いながら努力を続けているとある日、上がる。語学力などはその典型で、英語の本や新聞を読んだ量が五千ページぐらいになると、速く読めるようになる。さらに一万ページぐらい読むと、もっと速く読めるようになる。さらに五万ページ読むと、急にわかるようになる。ヒヤリングも同様で、現地で生活しても、すぐには上手にならない。だが三年目ぐらいから急によく聞き取れるようになる。スポーツや専門職能も同じようなところがあり、直線的に向上するのは初級のうちだけで、あとは人により「早い遅い」の違いはあっても、努力を続ければ、ある日上がる。

ただし、さらに上級になると、上達のために越えなければいけない壁が大きくなり、「一皮むける経験」が必要になってくる。これは、リーダーシップの研究で見つけ出されたもので、成功した経営者と目される人はみな、非常に厳しい状況に直面し、それを切り抜けることにより、それまでの自分とは違う水準に到達できたという経験をもっていた。これが、一皮むける経験と呼ばれるものである。

慶応大学の中室牧子准教授（当時）はその著書『「学力」の経済学』で、幼児のころに我慢することを教えられていないと、学力が伸びない。それは忍耐力や自制心などの非認知能力が鍛えられないからで、勤勉性を育てるしつけが子どもの将来と関係が深いという研究を紹介している。ビジネスの世界で成功するためにも同じようなことが必要である。しつけに相当するのが、コミュニケーションの基礎、仕事のマナーといった事柄である。

◆コミュニケーションの基礎が学べる

ここでいうマナーとは、お辞儀の仕方や名刺の出し方ではなく、会議の場所や時間を変更したときの連絡の仕方や、書類を提出する前に必要なチェックをしておくなどの、些細な事柄に対する配慮であり、仕事の進め方に関係することだ。たとえば、場所が変更される可能性がある場合、そのことを事前に伝えておく、あるいは幹部の意向を確認するので最終の連絡はいつごろになるかも知らせるといった、「関係者が対応をしやすくする配慮」「頼まれたことを実行する際、少しだけ追加の努力をする習慣」と言い換えてもよい。

私のセミナーに、MBAをもっていたり外資系でばりばり働いていたり、あるいはすでに独立しているような、元気があり頭のよい若者が受講にくることがある。そういう受講生には、「このあたりができていれば、もっとうまくいくのに、惜しいなぁ」と思う点がしばしばある。その多くが、このマナーに関することである。しかしこの類いのことを教えようとすると、年寄りは頭が古いとか、日本的とか、出る杭を打つタイプの講師などの拒絶反応が示され、それらを仕事に必要なスキルとは思っていない。だが、仕事のマナーはコミュニケーションが基本である。

たとえば、初めて会った人との打ち合わせの折、「細かいことは別にして、大筋が合っていればよいでしょう」という態度を示されると、途中経過を報告してくれるのだろうか、こちらがコメントしたことは心に留めて実行してくれるのだろうかと心配になる。特に海外での商談では、文化や商習慣の違いがあるので、お互いに疑心暗鬼の部分があり、つまらないことで引っかかりやすい。数字が間違っていたりすれば、関係はすぐにおかしくなる。国内での取引でも初めての商談の場合は同様なことが起こる。お互いがよく知りあう前は、バックグラウンドを含め丁寧に説明するのが、コミュニケーションの原則である。「細かいミスや行き違いが問題にならないのは、親しくなってからだ」ということを学んでいないと仕事はうまくいかない。

最近は兄弟も少なく、友だちも気が合った少数だけという環境で過ごすと、狭い範囲の人としか交流しないのでコミュニケーション能力が育たない。ところが会社に入れば、年上や年下、職能が違う人などと意志を通じさせなければならない。十歳も年が違えば、完全に異文化コミュニケーションである。仕事のマナーはプロトコール、つまり対話に必要な通信インターフェースのようなものので、早く覚えたほうがよい。

最近はやかましい先輩が減ったので、気使いやマナーに対する訓練は不足しがちだが、それでも日本の組織は、外資系などに比べればこの種の訓練はしてくれる。この機会を逃がす手はない。放任主義の会社も見受けられるが、その場合は、これではまずいと自覚し、ベテランの仕事ぶりをよく見て、自主的に習う（職人流にいえば技を盗む）必要がある。いつか独立するとしても、仕事のマナーを身につけてからのほうが成功の確率は高いのはいうまでもない。

(3)「期待」が人を育てる

自分がどういうときに成長したか振り返ってみると節目、節目で「期待され、それに応えようとしてがんばったとき」であることに気づく。「成人になったのだから」「社会人になったのだから」「結婚したのだから」「子どもができたのだから」など、節目ごとにいろいろな期待があり、その期待に応えて人は成長していく。仕事が人を育てるように、期待も人の成長に必要である。

日本の場合、昇進の仕掛けにこの「期待」が組み込まれている。多くの場合、「課長になる実力がついたので課長になる」のではなく、「課長になったから課長の仕事ができるようになる」のだ。課長になると、部下には(課長になったのだから)「この件、部長の了解をとってきてください」と言われる。部長の意見を聴きにいくと、(課長になったのだから、このくらいのことは)「自分で決めなさい」と促される。これらの期待に応えようとがんばることで次第に成長し、課長としての実力がついていく。

◆欧米式はアップ・オアア・アウト

年功で課長になり、なってから実力をつける日本型に対し、ジョブ・グレード制をとる欧米では、職務ごとに規定された能力がないと上位職務にはつけないのが原則である。たとえば営業課長はこういうレベルの折衝力、こういうレベルの業界知識などと、評価要素ごとに必要な能力が記述されていて、それを満たしていないと営業課長にはなれない。

原則としたのは、社外から新規に採用した場合などは本当にできるかはわからないので、本人の「できます」という答えを信用して、やらせてみるしかない。やらせてみて、できなければ解雇する。社内の場合は、いろいろチャンスを与えても課長になる実力がつかなければ、将来性がないということで解雇につながる。実力をつけるか退職するか（Up or Out）というルールである。コンサルタント会社などは、何年以内に特定のグレードに到達しなければ退職という厳しい規定を設けていることが多い。日本でも将棋のプロになるためには、特定の年齢までに奨励会で四段に昇進しなければならないが、いずれもプロとしての品質管理の必要からできたルールである。

このように課長のポストにつける際の考え方が異なるので、人材開発についての問題点も日本と欧米では異なる。仮に人材供給が石油のパイプラインのようなもの（供給がスムーズに行なわれるかどうかがカギなので、パイプラインという言葉が使われる）であったとすると、日本の場合は詰まってしまうと大問題が生じ、欧米では流量が不足することが大問題になる。

実力がついていなくても課長にする日本の仕組みは、新卒一括採用という仕掛けに起因するものである。適当な時期に課長になって、成長してもらわないと、あとが困るのだ。それゆえ後ろから棒でつついて課長にしてしまう。実力は課長になってからつけるので構わないのだ。

ただし、研究者のように、管理職になるより研究に専念することを希望する場合はこの限りではない。そのうちに専門職として実力をつけてもらえばよい。どちらに進むかは選択の問題だが、しかるべき時までに会社の一定の要求を満たすよう成長してほしいという期待が、年功との関係でみんなにわかるようになっている。「あいつも年頃だから、そろそろ課長にしなければ、あるいは、そろそろ専門職として処遇しなければ」と上長は考え、周りもそういう目で本人をみるので、がんばらざるをえなくなってくるのが日本流である。

これに対してアップ・オア・アウトの世界では、パイプラインに穴が開いていて、アップできなかった人は穴からこぼれ落ちてしまう。そのため、ところどころにある投入口から新しい人材を投入しないと流量が不足してしまう。だが外部から人を採用しようとすると通常、人件費の十七ヵ月分ぐらいの費用がかかることに加え、人をひきつけるような魅力的な会社であり続けることが求められるので、パイプラインの維持は簡単ではない。よって人材開発投資を心掛けることになる。日本型も欧米型も違いはあるが、仕事に就いたらしかるべく成長してほしいと期待していることには変わりがない。この仕掛けを利用しない手はない。

3 キャリア選択の幅が広がる

(1) 会社の活動範囲は思いのほか広い

◆組織に所属しても「歯車」とはならない

組織に所属することのメリットは、仕事が人を育ててくれるとか、大きな仕事にチャレンジできるとか、いろいろあるにもかかわらず、否定的な意見が数多く存在する。いわく組織の歯車になってしまう、私生活を犠牲にする滅私奉公を要求される、人間関係が大変などなど。しかしこれは、世にいうブラック企業を別にして、普通の会社には当てはまらない。そんなことをしていては、世の中の方向に合わず、会社は長く存続することはできない。企業は競争に勝つために、世の中の変化に対応することを迫られる。そして、世の中一般の動きは、自由度を広げる方向なのだ。

雇用の動きをみてみよう。正規従業員の数が減って派遣の人が増えている。これは、グローバル化が大きく影響しており、単に企業が賃金を抑えるためというわけではない。日本は正規従業員に対する保護規定が強すぎるという制度的な制約もあって、その雇用が伸びにくい。それは、ビジネスモデルの優劣による競争、あるいは資源の組み合わせで闘うなどといった柔軟性が重要になりつつある世界のトレンドに、制度が遅れているためだ。

企業側は、労働市場の流動性が高いほうが好ましいと考え始めている。野球やサッカーのプロチームが世界中から優秀な選手を集めて闘うように、企業も、世界中から優秀な人材を集めるようになってきている。プロジェクトごとに優秀な人材が集まり、目的を達成したら解散する方式は、多様な人材の組み合わせができるので新しいアイデアを生む方法として優れているからだ。世界中に競争相手がいるので、生き残りのためには通常の仕事でも、常に効率向上が求められる。言われたことだけやる歯車のような従業員は求められていない。

従業員側も、働き方の選択が幅広いほうを好む人が増えている。介護や育児のための必要性もさることながら、自由な生き方、自由なお金の稼ぎ方に魅力を感じる人もいる。フリーランス（自分の特技を生かして契約ベースで働く一人親方のような働き方）の人はアメリカで労働人口の三四％、日本では一九％と推計されるという記事があったが（『日本経済新聞』二〇一五年九月三十日付の経済教室欄）、働き方も変化している。

◆会社も自由な働き方を受け入れている

会社も従業員が自由に仕事のテーマを選ぶことをある程度認めているケースが多い。研究・開発の担当者などが勤務時間の二〇％程度を自分の研究に使える会社もある。「密造酒づくり」といわれるもので、自分がやりたいと思うテーマを研究するほうが、成果が出やすいためだ。こういう働き方の結果生まれた知見が、その後の業績改善に大きな効果をあげた事例はたくさんある。

新しいアイデアを生み出す方法としては、オープン型の技術開発も広がりつつある。自分が得意でない仕事を得意なところに任せるアウトソーシングは、仕事の一部を社外に発注する意味で使われるが、オープン型は得意なところを持ち寄って新しいものを開発する。発注ではなく対等なパートナー同士という感覚であり、所属組織の統制を離れて仕事をすることになるので自由度は高い。

このほかにも学会活動やボランティア活動など、広い意味で会社の広報に役立つ活動を仕事の一環として認める企業は多い。研究部門だけでなく製造現場でも、通常業務を離れて行なった簡単な試作が大きな作業改善に結びついた事例は枚挙にいとまがない。

こういう話をすると、それは特定の大企業の話と受けとめる人が多いが、実際はそうではない。

中小企業では、個人の担当業務範囲が大企業に比べて広いので、そもそも仕事の自由度が高い。上長の許可を受けなくてもできることが多いのだ。また現在のように、小さい会社でもグローバルな市場にインターネットを介して直接アクセスできる時代には、ニッチな市場で大きなシェアを獲得する企業が生まれやすい。アウトソーシングの受け手に名乗りをあげることもできれば、前述のオープン型の技術開発にも参加できる。大企業と競争して良い人を獲得しようとするなら、大企業以上に仕事の自由度を求めるトレンドに対応しなければならないのだ。自由度を許容する方向は大企業だけではない。

組織に所属しても自分のしたいことをする余地は十分にあり、また「まだわかっていないやりたいことを見つける余地」も十分にある。起業のアイデアが生まれたときにそのアイデアをテストすることもできれば、専門家の助言を受けることもできる。歯車になるなどと心配する必要はない。

(2)　独立には専門性とマネジメント能力が必要

組織に所属して自分のキャリアを追求するのも一つの方法、やりたいこと、自分らしいことが見つかって転職したり、自分で事業を始めたりするのも一つの方法である。ただし問題は、独立して一人親方になるのは簡単ではないことだ。一人親方の特徴を、経営者でもあり従業員でもあると表現したが、それは専門性とマネジメント能力とも表現できる。一人親方をめざす動きを脱サラ、起業などと表現するが、いずれもアイデアや専門技術だけでなく、マネジメント能力がともなわないと成功の確率は低い。組織に所属することの良い点は、専門知識とマネジメント能力とを少しずつ学べることにある。これを競争の仕方からみてみよう。

グローバル競争の時代は企業も個人も競争優位性を求められる。他の会社に比べどこが優れているか、他の人に比べ何がまさっているか、という特徴点を自覚して競争しなければならない。その自覚によって競争の仕方は変わってくる。その特徴点は、専門性とマネジメント能力に集約される。それは会社も個人も同じである。どの分野に強いか、その強さを生かすマネジメントをしているか。組織に所属すると、競争優位性とはどんなことか、それが企業の行動と自分の行動にどのような影響があるかを知ることができる。

現在、競争優位性があると思う会社や個人は、その優位性を生かす行動を強化する。汎用品市場での競争力が強いと考える会社は、さらに量産技術を磨きコスト低減に努め、量販店などに対するルート販売力を高める努力をする可能性が高い。競争優位性が失われつつあると考える企業は、新しい優位性を見出さなければならない。現在ある資源（人材や技術）を使って、参入できそうな市場を探そうとする。そのため、研究開発投資を増加させる。

個人の場合は、現在の仕事が自分の特徴に合っていて、他の人よりうまくできそうだと自覚すれば、さらに専門性を高めるよう努力し、応用範囲を広げていこうと考える。「この形になれば横綱とも勝負できる」といった自分の型、すなわち専門性とマネジメントの仕方が現状に適合していれば、それを磨けばよい。そうでなければ自分の特徴が生かせる新しいテーマを見つけるか、型そのものの改良を進めることになる。いずれにせよ自己の競争優位性についての判断が方向を決める。組織に所属して仕事をすると、おのずと自分の専門とそのマネジメントの仕方を考えることになり、競争優位性とは何かを理解するようになる。

◆「優位性の活用と探索」という二つの組織文化を知る

現在、競争優位にあったとしても、それが永遠に続くわけではない。思わぬ競争相手やイノベーションの出現によって優位性は失われる。それゆえ優位性をもつ企業も人も、いずれは新しい優位性を探す側に回るようになる。そのときの困難を軽減しようと思えば、優位性があるうちに次の市場、次の技術、次のトレンドをつかむ努力をしておくのがよい。それゆえ企業が、競争優位性が探索できる仕掛けを普段からもっておこうとするのは自然なことである。その現われが「ゆるい組織」の存在である。

新しいものを見つけようとすれば、行動の自由度を高めなければならず、そのためには規則はゆるやかでなければならない。一般に研究・開発関係の組織は、製造関係の組織に比べ出勤、出張、研究テーマなどに関する規定がゆるく、統治方式も指揮命令で動く形になっていないのは、そのためである。製造部門でも試作関係は作業方法や納期について自由度が高い。営業部門でも新規市場開拓、新規顧客開拓部門の受注予算は、一般の営業に比べれば達成度が上下しても許される。優位性の探索部門は、ゆるやかなマネジメントが必要なのだ。当然、組織文化も違いが出てくる。専門性も幅広いことが求められ、マネジメント方式もアウトプット中心主義で、やり方は任せる形になる。通常の組織では、職能分野での高い専門性と物事がきちんと実行できる指揮命令系統がとられるのとは対照的である。

個人の場合も、新しい優位性を見つけるためには従来と違った分野の研究、同じ分野でも新しい切り口を見つけるなどの行動が必要になる。人との接触の範囲を広げたり、思索の時間を増やすなど、これまでと異なることをしなければならない。優位性の活用と探索という二つの文化を知ることは、仕事を続けるうえで必要なことなのだ。

このことは、自分で事業を始める場合にも大いに役に立つ。起業する場合、初めのうちは探索型の組織文化が必要だが成長するに従い通常型の組織文化が求められるようになる。アイデアを商品にするまでは、圧倒的に探索型の文化が必要で、自由、活発にいろいろな試行を繰り返さなければならない。しかし商品を量産し、販売を始めたあとは、優位性活用型に徐々に移行するようになる。人材も研究開発タイプだけでなくマネジメント能力のある人が求められる。方向は定まったのだ。ベンチャー企業の成功には、二つの組織文化を知っていることが不可欠である。

(3) 独立する際のリスクを低減できる

◆人とお金の使い方が練習できる

脱サラや起業を歓迎する動きは時々高まる。大学も研究成果を事業に結びつけようと、ベンチャー企業を立ち上げる。しかし、成功して投資を回収できたという話はあまり聞かない。大学発ベンチャーの設立は二〇〇四～二〇〇五年がピークで現在はその五分の一程度に落ちてしまっている。日本経済は失われた二十年といわれる低迷を経験しているので、アップルやグーグルのような急成長企業を待望する気持ちはよくわかるが、ベンチャー企業の成功例が少ない理由を冷静に考えるべきである。

ベンチャー企業の発展段階は、種まきの段階（シーズ）から、立ち上げ（スタート・アップ）、初期（アーリーステージ）、中期（ミドルステージ）、後期（レイトステージ）の五段階に分けられ、それぞれで必要な支援の内容が異なる。シーズは研究開発の段階なので企業化するかどうかはまだ不明だが、立ち上げ期になれば研究費ではなく事業化のための資金が必要になるので、資金集めが課題となる。事業化の初期段階は商品の開発がテーマ、中期は黒字化をめざすための事業計画の確立、後期は株式上場の準備と実行というように変化する。これらを順序よくサポートする制度や組織が整備されているかどうかが、ベンチャー企業の成功率に影響する。その手助けをするベンチャー・キャピタルの有無が問われるのはそのためである。要は起業に成功するためにはいろいろな能力が必要であり、特にお金に関する知識と人を扱う能力は必須である。組織に所属すると、それらが学習できる。

たとえば課長は、自分と他人をマネージしてアウトプットを出すのが仕事であり、人をマネージする力がなければやっていけない。部長や経理部門を説得し予算を獲得しなければ、仕事は進まない。おのずと人やお金を扱う能力が鍛えられる。部長になれば、どうすればビジネスがうまくいくかを理解していなければならない。だから、いつかは独立して仕事がしたいが、まだやりたいことが明確でない人は、組織で独立に必要な能力を学習するほうがよい。ベンチャービジネスの成功率は一千件のうち二〜三件あればよいほうといわれる。起業にともなうリスクは大きい。やりたいことがわかっているなら、失敗してもやり直しがきく若いうちからチャレンジし、失敗から学びながら成長することもできるが、そうでないなら準備ができるまで待つべきである。

◆不確実性対策としてのリアル・オプション

起業のような不確実性が高く、実際にキャッシュ・フローを生むまでに時間がかかる問題に取り組むときは、リスクを低減する方法を考えなければならない。そのひとつにリアル・オプション（real option）と呼ぶ方法がある。本来は、投資機会の評価を期待収益率等で判定する金融関係の手法だが、研究開発や新しい事業へ取り組むかどうかなどの判断にも応用できる。

私がリアル・オプションの考え方を実際の事業に適用する仕方を学んだのは、シリコンバレーでパソコン会社の社長をしていたときである。パソコンの世界は動きが速く、新しい技術を先手、先手で手がけていないと、たちまち商品のロードマップが他社に見劣りしてしまう。そのため研究開発担当の副社長に、TI（テキサス・インスツルメンツ）の開発担当責任者の一人であったキングさんにきてもらった。彼が主催したのが、Go or No Go meetingと呼ぶ研究開発に関する意思決定会議である。

会議は、テーマ（たとえば電池の寿命でいえば次の世代のPCには四時間レベルをとるか六時間レベルとするかの選択に関係する開発プロジェクト）ごとに進捗段階区分を設け、「ここまできた時点で再審議しよう」と審議時期を決定する、または「技術開発がここまで進んだ時点で今後の方向を決める」などのように審議ポイントをあらかじめ決めておく。この方法はベンチャー・キャピタルが出資を決める方法とよく似ている。ベンチャー・キャピタルは、プロジェクト全体を賄う費用を出すのではなく、ここまでの費用を出しましょう、うまくいったら次を考えますというやり方をとる。

その期に使う研究開発費の全体枠は予算時に決めるが、中期計画が三ヵ月、長期計画が六ヵ月を意味するといわれる世界では、予算が了承されたから使えるというわけではないので、議論は白熱する。私の役割は大きな絵を提供することで、この時期までに会社はこの規模になっていたい、競争相手の○○社はここが問題だと思う、日本側はこう考えている、親会社の液晶事業のロードマップはこうなるなど、パソコン業界でいえば、for ever（永遠。すなわち六ヵ月を超えるもの）に属することに意見を述べ、キングさんが方向を決める。

議論の結果、導き出される結論は、Go（研究を続ける）かNo Go（研究を中止する）だが、Goの場合、規模の変更（拡大・縮小）をともなうもの、手段の変更をともなうもの、開発速度の変更（急いでやる、ゆっくりやる）をともなうものの三つに分類され、この分類によって、どこに手持ちの資源を投入するかが決定される。資金や人材を一度に投入するのではなく、成功の確率が高まったものに配分を多くすることによりリスクが低減できる。

No Go（研究開発の中止あるいは延期）の場合、中止理由は環境変化で、環境には他社の動向も含まれる。進捗状況とコストを勘案のうえ、自分で開発するのはあきらめて他社から技術を導入するといった判断につながる可能性も出るがそれは別途考える。

もう一つの決定が、審議ポイントを再検討すること、すなわち次のポイントをどこにおくかである。この研究開発の分岐点をうまく決められるかどうかによって研究開発の効率が変わるので、リスク回避の視点からも重要である。

このことを痛感したのは、ある画像関係の半導体にトラブルが発生したときである。半導体はどのパソコン会社も使う主要部品のひとつだが、新製品が出るか出ないかによって、回路設計その他が大きく変わる。そのため、計画どおり新製品が出た場合と、出なかった場合の二通りを前提に、新機種発表時期にまにあうよう、製品の機能設計やほかの部品とのすり合わせを進めるのが普通である。当社は新製品が出るという情報を掴んだ時点で、もう片方の開発をストップした。ところが新製品は出たものの、生産が少し進んだところで問題が発生し、量産時期が大幅に先延ばしされてしまった。液晶や電池、ハードディスク、メモリーといった機能部品とのすり合わせが多い設計を、新製品が出なかった場合のものに直さなければいけないが、どうするか。このとき、Go or No Go会議が役に立つ。古いタイプを使ってつくる計画が停止された時点から続きをやればよいのである。

このときの結果はどうだったかというと、開発が遅れて新半導体の機能を使う部分まで設計ができていなかった会社が新機種発表にまにあい、いつもトップをきって新製品を発表するＩＢＭとコンパックがかなり遅れた。当社は中断部分からあとがうまく進み、二番目の発表グループにすべりこむことができた。開発状況を正確にトレースバックできることの威力といえる。

◆起業のリスクを回避して独立する

リアル・オプションは不確実性が高く、収益を得るまでに時間のかかるプロジェクトに有効な手法である。起業のリスク回避にも十分役に立つと思われる。職人は親方のところに弟子入りし腕を磨いたのち、時期をみて独立するが、これと同じように初めは組織に所属して組織内一人親方をめざし、やりたいことが見つかったら機会をみて独立したい、というケースに適用できる。

最初の段階（シーズ）では、仕事をしながら、自由に活動できる時間を使ってやりたいことを探す。次の立ち上げ期は、社内外の人脈のネットワークを活用してアイデア実行可能性をテストし、Go or No Go を決定する。このときのオプションは前述のとおりであり、撤退の場合は種まき期の活動に戻る。Go の場合はアイデアの商品化に進むが、審議ポイントとして、たとえば「商品としての試作品が完成」「試作品のテスト販売実行」などを定め、その時点ごとに Go or No Go を決定する。このあたりまでは、組織に所属していても、勤務時間外の時間を使ったり、外部のリソースを活用したりすれば不可能ではない。

オプションには、延期も規模の変更も、手段の変更もあるので、資金面を含め、なんとかなりそうだと確信がもてた時点で独立すればよい。審議ポイントでの判断には、組織内一人親方としての経験が役立つはずである。

第2章　グローバル競争の時代

一人親方になるための戦略策定にあたり外部コンテキストを点検する。グローバル競争時代の特徴は、ビジネスモデルによる競争、複雑性の制御が必要、成功も失敗も多い、である。

1　ビジネスモデルによる競争の時代

(1)　ネットビジネス急成長と競争の加速化

◆ビジネスモデルの優劣が企業業績を左右する

世紀の境目には次の世紀のトレンドとなりそうな事柄が起こるといわれるが、二十世紀最後の大きな変化は、なんといっても一九九五年以降のネットビジネス（インターネットを用いたビジネスモデル）の急成長であろう。人々の生活や考え方に大きな影響を与え、ビジネスモデルに対する関心が高まりをみせた。この場合のビジネスモデルとは、①お客さんはだれで、お客さんに提供する価値は何か、②どうやって（競争に勝って）利益を獲得するのか、という二つの質問に答えるシナリオ、筋書き、あるいは物語といったもの（ドラッカーの定義）のことである。

ビジネスモデルという考え方は昔からあり、この時期に初めて生まれたわけではない。あらゆるビジネスが、多かれ少なかれこの二つの質問の答えとして存在していたと考えてよい。しかし、ネットビジネスが急成長したことで、人々のビジネスモデルに対する関心がこれまで以上に高まり、ビジネスモデルの優劣が企業の業績を左右するという考え方が広がるもととなった。

ネットビジネスが盛んになり始めたころは、「商品に対する情報は、商品を提供する側のほうがお客さんより多くもっている」という情報の非対称性を、ネットビジネスが打破する効果があると考えられた。インターネット上で、競合する商品の価格や機能などを簡単に比較できるからである。それゆえ、お客さんは商品を買う場所やお店を頻繁に変更すると想定された。ところが意外なことに、好きなお店が見つかると、そこをひいきにし、継続的に購入することが次第に明らかになってきた。理由は、気に入ったお店を見つけるまでに使った時間やエネルギーを失いたくないという心理や、クレジットカードの番号をあちこちに知られたくないという気持ちの現われと考えられるが、お客さんは意外にスティッキー（sticky「ねばねばする」の意）なのだ。

そうだとすると、物理的店舗の必要がなく新規参入のコストが安いため、似たようなビジネスモデルをもつ競争相手が次々に登場するネットの世界で勝つには、できるだけ早く自分のブランド名を浸透させ、シェアを拡大するのがよい、ということになる。速さが肝心なのだ。

ネットビジネスが急成長した時代のもう一つの特徴は、一人勝ち（winner takes all）と呼ばれる現象が生まれたことである。一人勝ちとは、プロスポーツの世界でいえば、一位の人だけが賞金を獲得し、二位や三位では何ももらえない賞金の配分方式である。通常は、二位や三位であってもそれなりにもらえる。ビジネスの世界でも、シェアがトップの企業がいちばん儲かるが、二位や三位の企業もそれなりの利益をあげられるのが普通だ。ところがビジネスの世界にも一人勝ち企業が現われるようになった。マイクロソフトやインテルがそれである。

◆賛成する人が多いほうが勝ち

パソコンのOSは、初めのころはいろいろなものが存在した。しかしマイクロソフトのウィンドウズが普及するにつれ、ウィンドウズに載るアプリケーションソフトをつくる会社が増加した。豊富なアプリケーションが利用できるパソコンを消費者は選択する。そのためOSにウィンドウズを採用するパソコンメーカーが増え、さらにアプリケーションが増加するという循環が続き、パソコンのOSはウィンドウズだけになってしまった。前述の「ブランドとシェアが力を発揮する」と同じ現象である。ただし前述と違うのは、シェアが一番の製品が品質的にもっとも優れているとは限らない点だ。勝ち負けを決めたのは賛成者の数である。

賛成者の数が勝ち負けを決めるという現象は、業界の標準が決まるときに起きる。たとえばパソコンのキーボードの文字配列は、タイプライターのものと同一だが、配列がもっとも合理的というわけではない。勝ったのはこの配列に慣れた人が多いからである。タイプライターの文字配列が現在の並びになったそもそもの理由は、速すぎるタイピングで紙送りが詰まるのを防ぐためにわざと打ちにくくしたことにある。この配列に慣れたタイピストが大勢を占め、この配列のタイプライターが好まれ、それがパソコンに引き継がれたというわけだ。日本のケースでいえばＶＴＲの形式が当てはまる。電機業界では比較的小企業であるビクターのＶＨＳ方式が、ソニーのベータ方式に勝ったのも、松下電器（現・パナソニック）などの同業他社を味方につけたからである。

賛成する人が多いほうが勝ちという方式が一人勝ちを生む。その結果、二位以下は利益をあげることができないので、その事業分野から撤退する。これまでに比べると短期間のうちに企業間競争の勝ち負けが決まってしまうのだ。競争の速度が、従来に比べて速くなったといえる。

ネットビジネスの急成長によってお客さんを奪われた従来型企業は、対抗策を考えざるをえない。自分もネットビジネスに乗り出すのは、その対策のひとつである。だれもがネットで本を買ったのではたまらんとネットビジネスに乗り出したバーンズ・アンド・ノーブル（本のディスカウントストア）とネット通販最大手のアマゾンの事例をみてみよう。

アマゾンはその発足以来、急激に売り上げを伸ばした。ネットで本を販売したとしても、品物は届けなければならない。そのため売り上げが増えるにつれて仕入れや在庫管理、配送といった仕事の業務量が拡大し、それらを担当する人材に加え業務をサポートするシステムの設計者や管理者など多くの専門家が必要になった。一方、バーンズ・アンド・ノーブルは、全米に九百店舗を展開しており、仕入れや在庫管理、配送、システム設計などの担当者は十分に抱えていたが、ネットビジネスを理解している人は不足していた。そのため、外部から採用せざるをえない。そういうわけで、アマゾンは従来型の企業から人材を引き抜き、バーンズ・アンド・ノーブルはネット企業から人材を引き抜くという現象が始まったのだ。これは、本屋のみならず、銀行でも証券会社でも、デパートでもスーパーでも、衣料品店でも靴屋でも、ネット企業が関係する分野すべてで発生した人材の奪い合いで、war for talentと呼ばれた。職能分野別の専門家に対するニーズが高まったのである。

(2) 「奥行きの深い在庫」をめぐる闘い

◆「ロングテールの法則」対「空間の提供」

ネットビジネスと名がつけば資金が集まって株式公開に漕ぎつけるというネットバブルが二〇〇〇年に崩壊し二〇〇五年以降、ネットビジネスは次なるステージに到達したとして、Ｗｅｂ２・０という表現が使われ始める。その特徴は、ロングテールの法則が成立することや、取引を通じて蓄積された情報を使って新しいサービスを提供するところにある。ロングテールの法則とは、売れる確率の低い商品群からも利益をあげることができるというものだ。

ネットビジネスはリストに商品名を登録するだけでよいので、六ヵ月に一回とか三年に一回しか売れない商品もおくことができる。商品別の売上高の棒グラフを高い順に並べてグラフをつくると恐竜の尾のような形（ロングテール）になる。一方、通常の店舗であれば、スペースに限りがあるので、店頭に並べる商品には限度があり、たまにしか売れない商品ははずされる。ネットビジネスも通常ビジネスも売上高の上位を占める主力商品からの利益が七〇～八〇％を占めるというのは同じだが、ネットビジネスの場合は、めったに売れない商品からも利益をあげることができるのでその分、利益率がよくなる。従来型企業も対抗策を考えざるをえない。

本屋の対抗策をみてみよう。バーンズ・アンド・ノーブルのようにネットビジネスに乗り出すのもひとつだが、従来型にとどまる場合、典型的に採用されるのはアマゾンが不得意なことに力を入れる対抗策である。たとえば本の立ち読みは、だれしも経験があるように、関心のあるテーマの本を書棚からとって試しに読んでみて、気に入ったら買うという行動であり、本屋でよく見かける光景である。アマゾンでもできなくはないが、実際の本屋のほうがはるかに分がある。本の内容だけでなく、本をもったときの重みやサイズ、手触り感も重要な判断材料だからだ。そこで本屋は、本棚のそばにイスを置いたり、併設するコーヒーショップに持ち込み可とするサービスを提供したりする。

本を買う際の行動は、買う本が決まっている場合と、決まっていない場合で異なる。買いたい本のタイトルや著者名がわかっている場合は、本屋で目的の本を探して取り上げる。本屋に出かける手数を省きたい人は、ネットで購入する。立ち読みの多くは、はっきりとは買うものが決まっていない場合の行動である。そうだとすると、本屋を街のなかの気持ちのよい空間にして、時間ができたときにふらっと立ち寄りたい場所にするという対策も有力になる。本だけでなく、しゃれた家具や身の周りの品をおくことで、売り上げを増やすことも考えられる。

アマゾンの得意技に対抗して、自分も奥行きの深い在庫をそろえるという方策もある。大型書店がそれで、都心では上記の対策も取り入れた大きな店舗が増える傾向にある。では、大型店を出すような資金力のない街の本屋はどうするか。対抗策は、ビジネスモデルの最初の質問に関するものになる。

◆専門化とネットワーク化で対抗する

「あなたのお客さんはだれですか」の答えを、「本を買いたい人」全般ではなく、「医学に関する本を買いたい人」のように特定の分野に限定するやり方である。これならば、特定の分野の本だけおけばよいので、かなり奥行きの深い在庫をもつことができる。また、特定の分野に専門化することにより、お客さんからの相談にも答えやすくなる。

専門化のメリットはもう一つある。ネットワークが組みやすくなることだ。たとえば法律関係の専門書をおく書店とネットワークを組めば、医学と法律の境目に関係するような本についてたずねられたときに、「その本なら、○○書店にありますよ」と紹介できる。逆に紹介を受けることも起こる。このように、ネットワークでもお客さんをつかまえることは、ロングテールの先端にある「めったに売れない本を売る」の対抗策にできる。

ただしネットワークを組むためには、自分の特徴がはっきりしていなければならない。違う特徴をもつ者同士がネットワークを組むから効果があるので、特徴がなければ他の人が「組もう」と言ってこない。Ｗｅｂ２・０の提唱者ティム・オライリーが、「急成長するネット企業に対抗するためには、一般企業も、自分のビジネスモデルについて、より深く考えることが要求される」と述べているように、自分の特徴は何か、専門は何か、何が得意かの差別化が重要な時代といえよう。

(3) 勝つために必要なのは「相談される」こと

ビジネスモデルは、お客さんに関する質問と競争の勝ち方についての質問でできている、と前述した。たとえばアマゾンのお客さんは「本を買う人だが、まれにしか売れない本を買う人も対象にする」で、勝ち方は「従来型の店舗がもてない奥行きの深い在庫」である。

お客さんに対する考え方は時代とともに変化している。日本でのこれまでの変化を振り返ってみると、一九六〇年代はマス・マーケティングの時代である。商品が十分に行き渡らないこの時代は、洗濯機や冷蔵庫、テレビなど、人々には欲しい物がたくさん存在した。大量生産、大量販売が主流で、テレビや総合雑誌に広告を出し、人々の購買意欲を刺激する販売方法がとられた。一九七〇年代には、豊かさの広がりとともに消費者の欲求が多様化し、それに応えるためにお客さんを若者、新婚家庭などの属性別に区分するセグメント化が進み、セグメントに合わせた商品開発が始まる。広告掲載も一般向けのメディアではなく、専門誌や年齢階層別の雑誌などに広がりをみせた。一九九〇年以降はさらにセグメントが細かくなり、趣味や嗜好のレベルにまでなってきている。これは、インターネットの時代になって、過去の個別の取引状況の集積と分析が容易になったためで、たとえば赤ワインのなかでもボルドーが好きだとか、推理小説ではアガサ・クリスティーなどの謎解きが好みなど、個人レベルまで細分化された区分にアプローチが可能になった。取引を通して入手した個別データをもとに、各人にふさわしい商品を提案する手法である。

マーケティング論からみた「お客さんはだれですか」という問いの答えは、大衆からセグメント分けされたグループへ、そして個人へと変化してきたが、では製品のシェアの獲得方法はどのように変化したのであろうか。答えは、製品の差別化からお客さんの差別化へ、である。お客さんが一般大衆の場合は、企業の関心はいかにして市場シェアを高めるかに集中する。できるだけ自社の洗濯機を買ってほしい。そのために自社の製品が他社よりどのくらい優れているかを宣伝する。すなわち製品の差別化により市場シェアを高める努力である。

お客さんが年齢や家族構成などの属性別にセグメント化されたグループになると、市場シェアとは別な切り口が重要になってくる。万人向けでなく、特定のグループに向けた商品開発をする以上、商品開発の成否は、「市場全体でどのくらい売れたか」ではなく、「目標とするグループの人がたくさん買ったかどうか」で判断される。すなわち市場シェアではなく、セグメント別のシェアが大事なのだ。この考え方をさらに推し進めると、特定の個人が買うもののなかで、どのくらいのシェアを獲得するかが重要になってくる。家電製品でいえば「洗濯機も冷蔵庫も、テレビもエアコンも当社の製品を買ってほしい」だ。

一人のお客さんに自社の製品をたくさん買ってもらいたいというのは、お客さんに自社のファンになってもらうことに等しい。そのための第一歩が、顔見知りの関係になることで、その意味では、自社の製品を「一度も買ったことがない人」よりも「一度買ってくれた人」のほうが大切なお客さんである。二回、三回と買ってくれた人はもっと大切な存在である。つまりお客さんの差別化が必要になってくる。市場シェアから顧客シェアへとは、製品の差別化から顧客の差別化への変化と表現できる。

◆お客さんと一緒に商品をつくりあげる

お客さんはだれかという質問に対する答えの変化をみてきたが、商品の供給側はそれにどう対応してきたのであろうか。

マス・マーケティングの時代は、欲しい物がはっきりしていた。テレビ、洗濯機、冷蔵庫などの家庭電化製品、さらに豊かになるとエアコンや車などの高額商品が欲しい物の代表になる。商品の供給側は競争に勝つために、これらの商品が安くて品質の良いものになるよう努力を傾注した。「どのようにしてつくるか」(how to make) が最大の課題だったといえる。しかし現在のように、それらの商品が広く行き渡ると、欲しい物が各人の好みによって異なるだけでなく、次に何が欲しいかがはっきりしなくなってくる。そのため供給側は、「何をつくるか」(what to make) を一生懸命考えざるをえない。「欲しい物はこれではありませんか」と提案してお客さんの反応をみる作業である。そのため市場調査や消費者の行動分析、あるいは商品のコンセプトが受け入れられるかテストする方式などの研究に力を入れるようになった。はっきりしないものを、はっきりさせるための努力だが、むずかしい課題である。商品の供給側としては、お客さんから「こんな物が欲しいのだけれど」という相談があれば、手掛かりがつかめてありがたいのだ。

個別のお客さんに対応するという視点に立つと、新しい切り口の存在に気がつく。それは、買う側と提供する側が一緒になって「商品をつくる」というものだ。たとえばイギリスに出張することになり、「どんな薬を持参したらよいか」をかかりつけの医師に相談すると、医師は助言というサービス（商品）を提供するが、相談されなければ患者が出張することを知らないので、助言はできない。患者は、医師の専門性と自分をよく知っていることを信頼して相談し、医師は、「血圧が高め」「糖尿の気がある」など患者の普段の様子を知っているから助言できる。

お客さんが異なれば、同じ内容の相談でも助言の中身は異なってくる。血圧が高い人と喘息の人とでは、助言が異なるのは当然である。医者の専門が何かによっても、助言の内容は変わってくる。要は、一人ひとりに合った商品の提供が必要なのだ。一方、同じ商品を提供しても、患者により、その使用経験は異なる。同じ薬が効く人とそうでもない人がいるからだ。したがって相手にふさわしい商品を提供するには、顧客情報の入手能力を高める必要がある。

ビジネス（B to B）の世界であれば、お客さんから相談を受けた場合、お客さんのビジネスモデル（顧客のお客さんはだれか、どういう価値を提供しているか、競争相手はだれかなど）をよく理解したうえで提案することが求められる。個人別、企業別の対応が求められるので、欲しい物がはっきりしない今日は、One to Oneの時代、お客さんごとの対応が必要な時代ということができる。

相談されるかどうかのポイントは、専門性と信頼関係が基本だが、面と向かって相談するとは限らない。現代では、相談の一部がインターネットでの検索で代行されている。検索で専門的な知識を取得し、信頼できそうな店舗を見つけ、ネットで購入する（信頼できるかどうかの判断は、これまでの取引経験による。信頼できるとなれば利用し続ける。前述のスティッキーな理由が、ここにある）。あるいは、ネットである程度の専門知識、商品知識を得たあとで、信頼できそうな店を訪問し、店員と相談する。だから、検索される側は上位にリストされるようさまざまな努力を重ねるわけで、インターネットの時代でもやはり、相談されなければ始まらないのである。

このように、相談を受ける側はお客さんが相談にくるまで待つのでは積極性に欠けるので、事前にお客さんの状況をキャッチし、相談にくるよう促す仕掛けを考えることになる。その一つがＩｏＴ（Internet of Things）と呼ばれる手法である。機械などの使用状況をセンサーで把握して情報を集積し、そのデータにもとづき、メンテナンスの必要性や、使用方法についてアドバイスなどのサービスを提供する。ジェットエンジンや建設機械の事例が有名だが、次第に全産業に広がりつつある。グローバル競争の時代とは、相談の時代でもあるのだ。

2　求められる複雑性の制御

(1)「どこでつくるか」最適な組み合わせを探る

◆日本企業にとってのグローバル化

現在はグローバル競争の時代といわれるが、そもそもグローバル化とはどういう動きなのか。改めて整理すると、「世界中が一つの市場になろうとする流れのなかで起こる国際経済と国内経済の変化」である。これはMIT（マサチューセッツ工科大学）のS・バーガー教授の定義で、以下は、その著書『MITチームの調査研究によるグローバル企業の成功戦略』からの抜粋である。

「グローバル化は、ごく最近起こったことのように思われがちだが、そうではなく過去にも見られた変化である。一八七〇年頃から第一次世界大戦前の一九一三年までが、第一次のグローバル化時代で、この間にヨーロッパから五千五百万人もの人々が新大陸に移り住んだ。産業革命以降の輸送手段の急速な発展の賜物である。物の値段は、小麦を例にとると、一八七〇年のシカゴの小麦価格を一〇〇とすると、大西洋を挟んだイギリスのリバプールでは一五八、約一・六倍であったものが、第一次世界大戦直前の一九一三年には約一・二倍にまでその差が縮小している。価格の平準化が進んだのだ。しかし、一九一四年の第一次世界大戦により、国を超えた貿易や投資は急速に減少し、第一次グローバル化時代は終焉を迎えることになった。世界恐慌や第二次世界大戦を経て、一九八〇年代になって、ようやく貿易や投資の水準が第一次グローバル化時代の水準に到達し、グローバル化の動きが再燃したのである」

グローバル化といっても、世界がただちに単一の市場になってしまうわけではなく、その方向に向かって動いているにすぎない。具体的な変化を日本の製造業で観察してみよう。

日本企業のグローバル化は、先進国への鉄鋼、自動車、家電製品などの輸出により本格化した。しかし、急激な輸出拡大は相手国との摩擦を引き起こす。ダンピング、失業の輸出などの非難が増加し、市場を奪われた側は政府を突き上げた。輸入国側は、国内産業保護のため、輸入規制を行ない、「ここで売るなら、ここでつくれ」と現地化比率などの制限を設け、進出を促した。初めは組み立てのみの現地生産だったが、それでは雇用は増えないとして、使用する部品の現地化率も問題となり、本格的な現地生産に踏み切ることとなった。

政府の圧力とは別に、経済的な理由でも海外進出は進んだ。一つの市場、たとえばタイへの輸出量が増えた場合、日本で組み立てて完成品にし、輸送費をかけて現地に送るよりも、部品を輸送し、現地で組み立てたほうがコストを抑えることができる。現地に工場を建て、技術指導を行なわなければならないが、人件費が安いことから十分引き合うのだ。

このようにして、輸出先国に進出してみると、「市場に近いところで生産することの有利性」に気がつく。現地の市場ニーズを素早く把握できる、現地のリソース（労働力だけでなく、現地の法律や商習慣を知っている専門職、現地で入手できる部品材料）を活用するなどの利点が認識されるようになる。輸出の代替として始まった現地生産も、そのメリットが理解されるに従って本格的な現地法人に転化し、現地向け製品の設計や製造、周辺国への輸出も行なわれるようになった。

◆作業工程の分割と他企業への委託で効率化をはかる

市場に近いところで生産する方式の初期段階では、現地やその周辺国向けの製品だけを海外で生産していたが、現地法人の生産能力が向上し、また円高ともあいまって、日本にも輸出するようになる。高級品の製造は日本、普及品は現地という棲み分けが成立し始め、さらに製造はすべて海外で行ない、日本は試作開発センター化する動きも出てきた。

一方、デジタル技術とインターネットが製品のつくり方に変化をもたらした。物をつくる工程を分割し、自分が得意な作業は自分で行なうが、他人が得意な仕事は他人に任せることが簡単にできるようになったのだ。このため、設計や製造、販売に至るまでの工程に変化が現われ、グローバルなサプライチェーンが構築されるとともに、アウトソーシングや海外移転が積極的に進められるようになった。製品のコンセプトの開発と基本設計は自社で行ない、生産設計と部材の調達および生産は、それが得意な企業に委託し、配送も専門企業に依頼して、でき上がった製品の販売とサービスは自社、というような形態が普通になった。自分の強み弱みを理解し、競争の勝ち方を考えたうえでの判断である。

自社が得意とする仕事にだけ集中し、それ以外は他の専門企業に任せる物づくりの方法を「水平展開方式」と呼ぶが、これに対して、部品から最終製品までの製造工程のほとんど全部を自社で仕上げ、さらには配送や販売までもこなす物のつくり方を「垂直統合方式」という。水平展開方式は、パソコンのように、いろいろな機能部品を組み合わせてつくる製品に向き、垂直統合方式は、それぞれの部品の機能をすり合わせてつくる自動車などに向く。日本企業は、どちらかというと垂直統合方式が得意と考えられている。

商品を売ろうとする場合、市場の状況と製品が適合していることが大切である。世界中には、まだマス・マーケットの時代にある国、セグメント分けの時代にある国、One to Oneの時代にある国とさまざまであり、加えて文化の違いがデザインなどの好みに影響する。日本向けと欧州向け、アメリカ向けやアジア向けは、デザインや搭載する機能に差が出てくる。一口にアジア向けといっても、ひとくくりにせずタイ向け、インド向け、中国向けと区分する必要があるかもしれない。そこに普及品、高級品という区分が加われば、商品の種類は膨大になり、複雑性が増す。

グローバル化の速度がゆるやかだった時代は、自国の市場で成功を収めてから海外に進出する方法でよかったが、情報があっというまに流れる時代にはそんな悠長なことはしていられない。たちまち類似品や対抗機種が出て市場をとられてしまうので、できるだけ広い範囲の市場で同時に販売を開始することが望ましい。そうなると、どこで生産するか、どこの部品を使うか、自分は何をして、ほかの人には何を頼むかの判断が一層、重要になる。

「製品の仕様」と「市場特性」「自分ですることと人に頼むことの区分」の三つを組み合わせて、どこでつくるかを考えなければ、グローバル競争には勝てなくなりつつある。ビジネスモデルにもとづいて、自分は何をして人には何を頼むかを考えることが、企業経営上の重要な判断となっているのだ。資源の組み合わせの効率化によって競争力を高めようという動きが一般化したのである。

(2) 複雑性の増大にどう対処するのか

◆プラットフォームと機能デバイス

複雑性が増大した世界では、水平展開方式のほうが優位性をもっている。それは、プラットフォームと機能デバイス（モジュールや部品）の組み合わせ方式との相性がよいからだ。

商品を開発する場合、複雑性に対応する方法として、プラットフォームと呼ぶ共通な土台をつくり、そのうえに、異なる機能デバイスを載せることにより、アメリカ向け、欧州向け、東南アジア向けといった多様なニーズに応えるやり方がある。この方法のむずかしいところは、いろいろなニーズに「共通なものは何か」を見極めるための、きわめて高い抽象化能力が要求されることだ。一方で、差別化は機能モジュールや機能部品の能力に依存することになるので、部品メーカーの相対的地位が上昇する。産業構造が製品プル型からデバイスプッシュ型に移行しつつあるといわれる理由がここにある。

地域別のニーズに応えるためにプラットフォームとデバイスの組み合わせを考える場合は、一つの商品の種類を増やすという感じだが、もっと大きな区分の製品開発に使われるケースも出てきている。たとえばホンダはエコカーの開発にあたり共通な車台をつくり、動力ユニットの部分に燃料電池を用いれば燃料電池車、大容量バッテリーを入れると電気自動車、ハイブリッド動力にするとプラグインハイブリッド車になるようにして開発コストを削減するという記事があったが（『日本経済新聞』二〇一五年十月二十四日付）、これも同様な考え方に立つものである。

プラットフォームは、「共通な仲間とそうでない仲間を分けることにより多様性を確保するもの」とも考えられる。従来型のガソリン車やディーゼル車はこの車台に載らないので仲間ではない。従来型とそうでない車を分けることにより、多様性が確保できたのだから、プラットフォームを考えることが複雑性への対応策ともいえる。ネットワークにだれもが参加できるのではなく、参加資格を制限することで仲間を増やすという一見、矛盾する施策が採用できるからだ。たとえば自分のプラットフォームに載るデバイスをつくるサプライヤーは仲間とみなし（参加条件の制限）、次の世代のプラットフォームの仕様を一般のサプライヤーより早めに公開することにより、多様な提案を集めたり、競争優位性を確保するなどが、それである。プラットフォームに参加する人が増えれば、「賛成する人が多いほうが勝ち」のルールに則り勝ちやすくなる。

◆あと出しジャンケン主義と帝国主義

複雑性の増大に対応するには、即応性を上げるという方策もある。「お客さんの欲しい物はこれではありませんか」と市場に提案したあと、提案が違っていたとわかったら、ただちに正しい方向につくり直すやり方である。衣料メーカーが今年の流行の形や色の予測をはずし、他社製品のほうがヒットした場合、すぐに他社タイプの製品に生産を切り替えることができれば、損害は少ない。あるいは、予想などは立てず、他社の動向をみて、どれがヒットするかわかってから迅速に行動するという手もある。ジャンケンでいえば、あと出しして勝つやり方である。

この方式は、素早く物をつくる能力があり、段取りの変更が上手でなければ成立しない。衣料品メーカーのＺＡＲＡは、商品化が速いことで有名で、通常なら六～七ヵ月かかる商品開発を二ヵ月程度でやってしまうといわれている。衣料品業界ではデザイン、生地の調達、縫製、輸送の拠点が世界中に広がっていて、水平展開方式の生産が普通だが、ＺＡＲＡは垂直統合方式で効率を上げている。

水平展開方式でも即応性を上げることはできる。クラスターと呼ばれる産業集積を活用する方法で、日本では東京都大田区に機械加工関係の企業がたくさんあることや、長野県諏訪地方に精密部品企業が集まっているケースが有名である。大田区の機械加工の例をあげると、試作部品の注文を受けたら、作業工程のうち、たとえば旋盤加工は得意なので自分でやるが、フライス加工は近隣の工場にお願いする。近所なので作業中の製品の受け渡しは短時間ですみ、自分ですべてこなすより早く正確にできる。

複雑性へは対応せずに自分の方式を押し通すこともありうる。帝国主義的な方法である。世界中にはいろいろな政治や宗教があるが、植民地は自分のやり方に従えというものだ。ただし「自分の方式に従う」レベルはさまざまで、特定の部分だけ従えば、あとは自由という穏やかなものも含まれる。ローマ帝国は穏やかな帝国主義だったので長く続いた。穏やかではなかったが、帝国側が大切だと思うことのみ要求し、それ以外は政治も宗教も何をやっても自由と、被征服側の自由の範囲がとても広かったのはチンギス・ハンのモンゴル帝国である。

複雑性の制御の対象として忘れてならないのが、人材マネジメント方式である。企業が世界中に拠点をもつことが珍しくないグローバル競争時代には、国ごとに労働法も労使慣行も処遇制度の水準も違い、統治のためには、世界中で共通にするものと、地域別の違いを認めるものとを区別する必要がある。対応は帝国主義のタイプと類似する。基本的には、自社の方式がグローバルスタンダードだとして押し切るか、自社が大切だと思う部分だけを制度的に統一し、その他は地域の方式に従うかの二種類である。欧米の企業は前者の傾向が強いが、日本企業はそこまでの自信はないので後者になりがちだが、物づくりに関することは依然として前者、という場合が多いのではないか。しかし、水平展開方式が有力になってくると、製品別につくり方が選択され、一つの会社に二つの生産方式が存在するという事態も、いずれ起こると考えられる。

(3)「時に相反する価値」のいずれをも追う

◆グローバルとローカルの両方を追求する

グローバル競争時代の特徴としてグローカルという言葉が使われるが、これは「時に相反することもあるグローバルな価値とローカルな価値の両方を同時に追求することが必要」という意味で用いられることが多い。しかし、ローカルな価値はわかるが、グローバルな価値とは何かがわからない。多くの場合、「帝国側」が大切と思うことをグローバルな価値と主張しているのではないか。プラットフォーム理論で考えるなら、広い範囲に共通という意味でグローバルな価値がプラットフォーム、ローカルな価値が特定の部分に当てはまるという意味で機能デバイスに相当する。したがってグローバルな価値とは、人権や環境保全など、多くの人が正しいと思うことである。もっとも、地域ごとの経済の発展度合いによって、その程度には温度差があり、また環境保全か経済発展かといった、何を優先するかの意見にも影響を受けるので、相対的なものと考えるべきである。

人材マネジメントについても、その国の労働法を守り、労使慣行も尊重しなければならない。一方で、国を問わず守ってもらわなければならないやり方もある。たとえば日本の場合、ホワイトカラーとブルーカラーの違いは、身分ではなく仕事の違いと受けとめるので、工場では同じ制服、同じ食堂、駐車場も同じであることに疑問を感じない。しかし、かつてフランスに工場を建てたときの私の経験では、どれもが問題になり説得に時間を要した。このときは、「サッカーでいえばゴールキーパー以外はフォワードもセンターバックも同じユニフォーム、目的は敵味方を分けるため。工場の目的は良い製品をつくることで、ホワイトカラーもブルーカラーも一緒に闘いたいという趣旨で、世界中どこでも制服、食堂、駐車場に身分の差をつけていない」と納得してもらった。身分によって差を設けることはかなり普遍的なので、これもグローバルな価値とローカルな価値の同時追求のひとつの形といえる。

会社の生活と個人生活も、時に相反する価値の代表的な事例のひとつである。最近は「会社と個人は五時できっぱり分ける」という考え方が広まっていて、退勤後の飲み会には参加しない人が増えているが、これには賛成できない。子育て、自動車通勤など、参加できない理由はいろいろあるが、飲み会に参加しないのは、リーダーシップ理論で考えると関係性への投資機会を失うことに等しい。これは、「参加しない」ではなく、参加できるよう都合のよい日に飲み会を「自分で企画する」という同時追求が正しい。飲み会に代わる交流の機会をつくってもよい。二兎を追う工夫が大切である。

ペンシルバニア大学ウォートンスクールのスチュワート教授は、「家庭」と「会社」以外に、「コミュニティ社会」「自分自身」の四つの領域をすべて、うまく回せて一人前なのに、現在は家庭と会社に偏りすぎているとして改善を求めている。個人の生活と会社の生活を区分するようでは生活を本当には楽しめないと言うのは、サウスウエスト・エアラインのＣＥＯコーリン・バレットさんである。会社の生活があたかも私生活のようであり、私生活が会社のための活動のようになって初めて本物という説だが、これこそが、経営者であり従業員でもある「一人親方」の状態である。

一人親方は「自分でなんでもやらなければいけない」が、そうなると私生活、会社生活という区分は意味をなさない。これを滅私奉公のようにとらえるのは間違いで、両方楽しいのだ。一人親方になって実感したのだが、雑用も楽しい。これまでだったら、だれかがやってくれた複合コピー機のインクをマニュアルを見ながら交換して、うまくできたときなど小さな達成感がある。達成感のある場所はどちらにもあり、どちらも大切なのだ。

◆競争優位にあっても、別の優位性を探る

グローバル競争の時代には、思わぬ分野からも競争相手が出現し、ビジネスモデルの修正が必要になるが、そのときの競争力に対する判断が、その後の方向に大きな影響を与える。デジタルカメラが登場した際の、フィルムメーカー二社の選択を比較してみよう。

カメラ用フィルムでトップシェアを維持していたコダックは、自己の競争力はフィルムの品質と世界中に広がる販売網にあるととらえていた。それゆえ、画質のよいフィルムを買いやすい価格で

提供すれば、デジタルカメラの普及にブレーキをかけることができると考え、現在の優位性を一層強化するため、化学部門を売却し、中核事業であるフィルム部門に力を集中することにした。

一方、富士フイルムは、デジタルカメラの画質は急速に向上し、従来型のカメラ市場を侵食すると予想されるので、このままでは競争優位性は失われると考えた。新しい競争優位性を見つけ、自社の人材や技術を生かせる市場を探さなければならない。そこで自社の強みである化学部門の技術が生かせそうな化粧品分野に進出を試みるとともに、医療品分野のM＆Aに資金を投入した。

コダックのとった戦略を「競争優位性の活用型」、富士フイルムの戦略を「競争優位性の探索型」と呼ぶが、事業に対するアプローチの仕方が大きく異なる。山登りにたとえると、現在登っている山は登山ルートも明確な、登るにふさわしい山だが、「もっと良いルートはないか」と考える活用型に対し、探索型は「もっと良い山はないか」と考える。ただし、良い山の定義は、もっと高い、登りやすい、遠くがみえるなど、ビジネスモデルにより異なる。

活用型の場合、良いルートの発見につながる行為は奨励される。たとえば頂上に至るルートをできるだけたくさん見つける努力は正しいとされる。たくさん見つければ、そのなかに最良のルートが含まれる可能性が高まるからだ。ほかの山に関する情報はそれほど重要視されない。逆に探索型は、良い山の発見につながる行為が奨励される。登り方は、あとで考えるので当面は重要視されない。自分の能力や装備で登れる山に関する情報をできるだけ多く集める努力が正しい。情報が多ければ、そのなかに良い山が含まれる可能性が高まるからだ。

コダックと富士フイルムの例からわかるように、グローバル競争の時代には、競争優位性は長続きしない。コダックは二〇一二年に会社更生法による事業再建に踏み切り、現在では印刷関連事業分野で企業向けのビジネスにその力を集中している。現在、優位な立場にある企業もいつか、優位性の探索が必要になる。普段からほかの山に関する情報にも敏感でなければならない。「二兎を追う者は一兎をも得ず」ではなく、二兎を追うのが正しいのだ。

3　ピンチもチャンスもある世界

(1)　競争相手の範囲が広がった

◆欠如している「海外との競争」の視点

北海道大学の工学系博士課程と修士課程の学生にキャリアデザインの必要性を教えている。企業に就職を希望する学生を対象とする選択科目のひとつで、企業で働くには、専門分野だけでなく幅広い学習が必要であることを認識させるためのプログラムである。「企業と仕事特論」といい、異文化コミュニケーションや国際取引などの授業もある。講義をしていてとても気になるのは、「グローバル化が進むとみなさんにどういう影響があると思うか」という質問に学生がうまく答えられないことだ。グローバル化は、関心の外なのだ。「グローバル化すると給与はどうなるか」と聞くと、上がるという人が多く下がるという人は少ない。そう考える理由は、専門知識に対する需要が増える、日本の若年人口が減っているので労働力不足で上がる、など需給面からみた意見で、競争相手という視点は入ってこない。「海外に工場が出ていった場合、どういう人を採用すると思うか」という質問になってようやく少し考える。実際、企業の外国人採用は増えていて、大学卒を百人採用したところ、四十人が外国人、六十人が日本人だったというのは普通になりつつある。六十人の日本人のうちには海外の大学を卒業した人もかなり含まれている。北大生の競争相手は、東大や東工大の学生だけでなく、タイやインドの大学の卒業生が含まれていると言うと、少し驚く。「留学生のほうが諸君よりもよく勉強するし成績もよい」と指摘すると嫌な顔をするが、事実である。日本の場合、学生に限らず海外との競争という視点に欠けることが多い。

最近、スキーに行くと外国の人とリフトで一緒になることがある。青森県の鯵ケ沢で滑ったときに、友人がリフトで一緒になったオーストラリアからのスキーヤーに、「あまり有名でないところまで滑りにきているんだねえ」と言ったところ「ニセコや白馬はオーストラリア人ばかりだから」と答えたそうだ。昔、海外旅行が盛んになり始めたころに「パリやロンドンは日本人ばかりで」と敬遠された話が思い出される。日本のスキー場はお互いに競争しているだけでなく、ヨーロッパのスキー場とも北米のスキー場とも競っているのである。オーストラリアのスキーヤーはシャモニーに行ってもアスペン（コロラド州）に行ってもよいからだ。

日本の観光地も世界中の観光地と争っている。新幹線で金沢に遊びに行くか、バリ島まで出掛けるかは選択の範囲である。観光地ばかりでなく、横浜港は韓国の釜山港と、東京はニューヨーク、ロンドン、シンガポールと金融センターとして競争している。

神奈川県平塚市の中古マンションの価格も、東南アジアの景気に左右される。「マンション価格は安いけれど通勤などの利便性が劣る平塚」と「価格は高いけれど利便性がよい川崎」のバランスは、川崎にある工場が海外に移転すると崩れる。工場の跡地がマンションになるからだ。新しいマンションができると既存の川崎のマンションは中古となり値段が下がる。平塚の中古マンションはそれ以上に値下げをしないと売れない。東南アジアが好況で、工場の海外移転が増えるにつれマンションの供給が増え、それが価格に影響する。競争相手の範囲が広がっているといわざるをえない。

◆世界に広がるお客さん、サプライヤー、競争相手

2節(1)で触れた資源の組み合わせの効率化によって競争力を高めようという動きは、自分が得意でないことをやってくれるサプライヤーを世界中から探そうという動きにつながる。この場合、サプライヤーには、部品や材料の供給者だけでなく法務や会計など企業活動を支援するサービスも含まれる。

不得意な仕事を補ってもらうのではなく得意な仕事に集中するという方法もある。いろいろな会社のノウハウを集め製品開発の速度を上げようとするオープン型の製品開発では、自分がもっている知識や技術とは異なる知識や技術を組み合わせることによって、いままでになかったものをつくり出そうとする。開発目標に合う良いパートナーを世界中から探す方式である。

お客さんも、周辺の市場からだけでなく、広く世界中から探すことができる。インターネットを

通じて海外と直接コンタクトができるので、日本のリンゴの生産者は世界の消費者に売り込めるが、アメリカのリンゴ農家も同じ方法が使える。従来は世界市場にアプローチできたのは大企業だけだったが、小さい企業や個人でも世界を相手にビジネスができる時代になったのだ。

一方で、先の富士フイルムやコダックの例のように、思わぬところから新しい競争相手が現われる時代でもある。化粧品や医療品の会社は、写真のフィルムをつくっていた会社が競争相手として登場するなど予想もしていなかったはずだ。印刷関連業界もフィルム会社が競争相手になるとは考えていなかったであろう。

技術の進歩も新しい競争相手を生み出す。自動車部品を例にあげると、監視カメラがバックミラーやサイドミラーを代替するという動きがそれだ。サイドミラーがなくなれば、車から飛び出している部分が少なくなって空気抵抗が減り、燃費はよくなる。また狭いところにも車をとめやすくなる。監視カメラの需要は治安に関するニーズから増えている。生産量が増えて価格は低下傾向にあり、使いやすくなってきた。現在は一部の高級車にだけ取り入れられているが、次第に使用範囲が広がる可能性は高い。一方で自動車部品メーカーは日本国内での車の生産量の減少にともない、他の分野にも進出し始めている。これまでは専業メーカーがつくっていたパチンコ台の部品に、量産技術を生かして参入しシェアを獲得しているのはその一例だ。

これらの例は、製品の提供者にとっても部品材料のサプライヤーにとっても、お客さんも競争相手も世界中にいることを意味しているのである。

(2) 企業がもつ特徴点で競う

◆次世代にいまの生活水準を引き継げるか

競争の範囲が広がれば、勝つ可能性も負ける可能性も広がる。グローバル化の影響をポジティブにとらえる人もネガティブに感じる人も出てくる。ＭＩＴのバーガー教授は、現在のアメリカにとってもっとも重要な課題は「現在と同じ生活水準を子どもたちに引き継げるかどうか」だと言う。この問題意識から、ＭＩＴのチームが「グローバル化がどんな影響をもたらすか」を研究した（一九九九〜二〇〇五年）。当時はグローバル化の影響について、次の二つのモデルが有力であった。一つは、グローバル化によって世界中の社会や経済が収斂化と均質化を迫られるという「ボーダーレスな世界説」（convergence model）である。もう一つが「国別資本主義多様化モデル」（national varieties of capitalism model）で、アメリカ、イギリス型の自由主義的市場経済と、ドイツ、日本型の協調主義的市場経済のように、国別に資源配分の方法が異なっていくという考え方である（現在では、中国の国家主導型市場経済もモデルのひとつになりそうだが、まだ取り上げられていなかった）。ところが研究の結果は、どちらも当てはまらないというものだった。

結論は、それぞれの企業は「自分のもつ資産を活用して市場に対応している」（dynamic legacies model）というものだ。グローバル化の影響についての第三のモデルである。資産には技術や人材、組織能力、経験や学習能力なども含まれる。マクロの視点でみると水平展開方式の広がりなど収斂モデルが当てはまる部分もあるが、ミクロの視点では、アメリカ、欧州、日本という地域差よりも個別企業の差のほうが大きい。この発見は、戦略論でいうと、企業は自己の内部資源を使って戦略を決定すると考える資源学派（resource based view）の考え方に近く、普遍性がある。また、日本の製造業が、どこでつくるかの判断に、製品と市場と得意なこととの組み合わせを考えるようになったことからも納得できる。

ビジネスモデルによる競争の項で、「賛成する人が多いほうが勝ち」という現象を説明する一例として、パソコンのキーボードの文字列を紹介したが、慣れた方法のほうが継続されやすいことを「経路依存性がある」という。戦略の選択に際しても、この経路依存性が影響する。

汎用品の製造に特化していた会社が新製品を出す場合、汎用品市場向けのものを選択する可能性が高い。経路依存性に加えてこれまでに投資したエネルギーや時間、お金などを無駄にしたくないという気持ちも働く。これまでの投資の結果、汎用品市場の性質や客層、価格帯をよく知っているという無形の資産をもっていて、これを有効に活用したいのだ。

だからといって、いつも同じ行動が繰り返されるわけではない。ビジネスモデルによる競争は、お客さんに提供する価値を争うので、自分のお客さんの要望に応える努力が不可欠である。デザインにうるさい欧州のデパートに対応するには、デザイン部門の強化が必要になる。アメリカの小売店向けには、好みの変化が速いのでジャンケンのあと出し方式で、素早く製品の構成を変更することができなければならない。

このように相手がだれかによって異なった対応が必要になり、保有している無形資産の内容も、ビジネスの経験とともに変化していく。お客さんが世界中に広がったことにより生まれた多様な要求が、多様な製品を生み出す。多様性こそが、グローバル化がもたらす変化であるというのがＭＩＴの結論で、それゆえ、ＭＩＴの第三モデルは国別多様化モデルも否定していない。企業の特徴点が、母国の文化、社会制度の影響を強く受けるのは当然だからだ。

研究チームは「企業の経験だけでなく社会の様式によっても、特定の資源と能力が育まれる」と考えている。そしてグローバル競争時代に「次世代に現在の生活水準を引き継ぐ」ためには、文化、社会制度について検討せざるをえないとしているが、どのような文化、社会制度が有効かの結論は出していない。ただアメリカが繁栄したのは次々と起こったイノベーションのお蔭で、それを生み出したのは、開放性とチャレンジ精神を尊ぶ風土である。この点を大切にする必要があると指摘するにとどめている。

◆日本企業の優位性を支える特徴とは

次世代にいまの生活水準を引き継げるかどうかは、アメリカ以上に日本の問題である。家電、半導体、コンピューターといった産業が衰退し、リーディング産業と目されるのは自動車産業だけになってしまった。アニメや電子部品などで元気のよい企業もあるが、小粒で日本全体の繁栄を支える規模にはなっていない。おそらく今後は、大きな産業というよりは、世界水準でみると中小規模だが、世界で闘える多様な企業が日本を支える方向に向かうのではないか。競争も激しいので、日本企業の優位性の維持は簡単ではなく、生活水準の引き継ぎも困難が予想される。

ＭＩＴの結論に即して、日本独自の風土でこれまでの日本の繁栄に貢献したものは何かを考えてみると、思い当たるのは「仕事は大変だがおもしろい」と考える文化である。「労働は苦役ではなく、人間を高めるもの」という受けとめ方は人々に深く根づいている。仕事に取り組むのは一つの修行であり、それを成し遂げて一芸に秀でた人を尊敬するという感覚は、かなり普通といえる。それゆえ勤勉であり、大きなイノベーションは得意ではないものの細かな改善の積み重ねで効率を上げていくことができるのだ。

この風土は、ＭＩＴのグローバル化対応の第三モデルである「自分のもつ資産を活用して市場に対応している」によく適合する。資産には、今後取得するものも含まれるからである。戦略論でいえば、日本企業の場合、内部資源重視の資源学派的な選択が多いが、これは雇用に対する責任を強く求める社会・制度の制約の影響で、解雇はよほどやむをえない状況になるまで行なわれない。そうであれば、いまいる人材がもつ知識や技術を活用して道を切り拓く以外になく、またそれらの人が今後生み出す資産に期待せざるをえない。

その際、大変だがおもしろいとして仕事に熱心に取り組む風土は、どうしても必要である。もちろん、アメリカ型をめざすことは可能だが、文化は技術や制度に比べ変化が遅く、簡単には変えることができない。そのため外部環境の変化に即応するのはむずかしい。したがって文化を変えるよりは、いまある資産を活用するほうに理があるのだ。

◆スカンジナビア航空とサウスウエスト航空

特徴点で競争する様のわかりやすい例が、エアラインである。三つのモデルでいえば国別多様化モデルに近いが、それがどのように変化するかが、みてとれる。

エアラインは、母国の人を海外と行き来させる仕事からスタートした。そのうち、その国を訪れる人も運ぶようになる。提供する価値は自国の文化で、ナショナル・フラッグ・キャリアと呼ばれる。ルフトハンザはドイツ文化を、エールフランスはフランス文化を提供している。もちろん日本を離発着する路線では日本食や日本語ができるアテンダントを配置するが、主として売っているのは自国文化である。

しかしアメリカのように国が広く、また海外との往来が盛んなところでは、ユナイテッド、デルタ、アメリカンなどの複数のエアラインが競合し、路線のネットワークの利便性で競争するようになる。提供する価値はハブ・アンド・スポーク、すなわち大都市間の直行便と接続路線というネットワークである。成田からニューヨークに飛ぶ。ニューヨークで乗り換えれば、ボストン、ピッツバーグ、フィラデルフィアなど近隣の都市への接続便がある。お客さんはこのネットワークを利用してくれる人なら観光客でもビジネスマンでもよい。エアラインによってネットワークの濃い場所が異なることになる。

もっと特定のお客さんを対象にするエアラインもある。スカンジナビア航空はEUを中心に事業を展開し、ビジネスパーソンのためのエアラインを自社の使命にしている。EUが成立し域内のビジネスパーソンの行き来が盛んになるにつれ、ロンドンやパリ、ベルリンやローマといった主要都市の朝八時前後の到着便を増やしている。朝の会議にまにあうようにするためだ。出発便も、朝の会議にまにあう便、午前中の会議が終わって帰るころの便、夕食にまにあうように戻る便、会食後に便利な便など、ビジネスパーソンが利用しやすい時刻表にしている。売っているのは自国文化ではなく、利便性である。

アメリカのサウスウエスト航空は、空飛ぶバス会社をイメージしている。近距離の二拠点間の直行便である。お客さんは、たとえばサンフランシスコとロサンゼルスの間を頻繁に往復する人で、提供する価値は、飛行時間の短さではなく、door to door の短さである。そのため主要空港ではなく中小の空港を利用する。家から空港までの距離は多少あっても、駐車場は混雑しておらず搭乗口も近い。座席指定もなく、すぐに離陸するので、結果として短時間で目的地に着ける。

ビジネスモデルによる競争とは、特徴点による競争と同義語である。お客さんや提供する価値は同じでも、勝ち方が異なる。

外部環境が変化すると、特徴点も修正が必要になってくる。現在では、自国文化を売るエアラインは激減している。それだけではお客さんを満足させられないからだ。アメリカのナショナル・フラッグ・キャリアであったパンアメリカン航空は消滅した。スイス航空、サベナ・ベルギー航空も消えた。KLMオランダ航空はエールフランスの傘下となった。ネットワークの争いも、ビジネス路線と観光路線の区別が従来以上に必要になった。両者が一致するところとそうでないところが分かれてきたのだ。低料金航空会社（ＬＣＣ）もそこに食い込んできている。インターネットによるチケットの販売は、価格を繁閑の別で調整することを可能にし、ホテル、バス会社、イベントとの連携の仕方も競争条件のひとつに加わってきている。

特徴点による競争は、成功の機会も失敗の機会もともに増やすといえる。

(3) チャレンジ精神が広げる「おもしろい世界」

◆雇われる能力、キャリア観に対する認識の高まり

グローバル競争時代という外部コンテキストがもたらす個人にとっての最大のリスクは、本人の努力に関係なく失業する可能性が高まったことだ。このことは、雇われる能力（employability）とは何かを再考させる要因となったが、従来のキャリア観の変更を促すきっかけともなった。

ビジネスモデルによる競争がもたらしたものに、二〇〇〇年以降のジョブレス・リカバリー（jobless recovery）という現象がある。従来であれは、景気がよくなると雇用は回復したのに、そうならない現象である。これは、ＩＴバブルの崩壊、リーマン・ブラザーズの倒産に発する金融危機などの経験から、企業が安易な人員増を行なわなくなったためだが、ＩＴ技術の進歩により、中間管理職の削減が可能になったことや、資源の組み合わせで闘うという考え方を反映し、海外への業務委託（アウトソーシング）や工場の移転が盛んになったことなども、その背景にある。

一方で、従来は不況期に限定されていた人員削減が、好況期にも実施されるようになったのは、

ビジネスモデルによる競争そのものが原因である。ビジネスモデルの変更は好不況に関係なく実行されるからだ。そのため、「評価が優秀かどうかにかかわらず仕事を失う」現象が生じるようになった。このあたりの事情は雇用を重視する日本の例では少しわかりにくいので、私がかかわった事例を紹介しよう。

アメリカでパソコン会社の社長をしていたときのことだ。この会社は、個人向けと企業向け両方のノートパソコンを製造販売していたが、個人向けは価格が安く採算性が悪かった。量販のためのノウハウも十分ではなかったので、この分野からの撤退を決定した。この場合の人員対策は、「個人向けパソコンの関係者は、全員辞めてください」というものになる。個人用のパソコンの設計をしていた人も、製造していた人も、そのための部品・材料を調達していた人も、個人向けのパソコンの経理を担当していた人も、辞めてもらうのだ。だれが辞めるかは、担当していた仕事で決まり、個人の優劣は関係がない。

辞めなければいけない人のなかには、優秀な人も、会社に対するロイヤルティが高かった人も含まれる。昔であれば、人員整理は勤続年数の短い人順だとか、業績の悪い人順で行なわれたので、優秀であれば首になる可能性は低かったが、いまでは個人の努力にかかわらず思わぬ失業という事態が発生する。しかも好景気になっても雇用の機会は増えない。その結果、雇われる能力の強化が個人にとって重要になったのである。

雇われる能力とは何かが改めて考えられるようになり、その対策として、専門能力を高める、セーフティネットとして失業したときに手助けをしてくれる人々とネットワークを維持する、そして組織に寄りかからないキャリア観をもつなどが意識されるようになった。これらは、一人親方が必要とする能力と同一といってよい。

◆産業の境界を越える企業、活躍の場が広がる自律人材

思わぬ競争相手が異なる産業から現われるケースは、富士フイルムやコダックといった個別企業の参入事例にとどまらず、少し大がかりな、電機産業と自動車産業がお互いの分野に乗り込むことでも起きている。ＧＭは、毎年、年初にラスベガスで開催される家電産業の見本市「ＣＥＳ」に電気自動車を展示し、これが次世代の車のプラットフォームになるとし、そこに搭載される部品やサービスの提案を促した。一方で、交通関係のサービスにも参入し、自前の地図を作成しグーグルにも挑戦している。家電産業側も、自動運転技術の研究だけでなく、自動車部品の世界にも参入し、サイドミラーやバックミラーをカメラとモニターで代替することや、エンジンやスイッチ分野の部品をＩＴ部品で置き換えることを提案し、デトロイトの自動車ショーに出展するという状況になってきている。

また、これまで関係の薄かった農業分野にＩＴ企業が進出し、市場価格を参考に農産物の出荷時期を指示したり、熟練農家のノウハウをデータ化して気象情報と組み合わせて提供する事業も始まっている。ＩＴ企業が植物栽培工場をつくるという事例もある。

別な意味の越境もある。従来、海外進出は大企業を中心としていたが、従業員が五百人未満の地

方企業も自分の特徴を生かし、海外ビジネスを展開するケースが増加している。自分で工場を建てるのではなく現地の企業を買収し、買収した企業の事業を足掛かりに、徐々に自社製品、自社技術を移転していく方式が、これまで国内中心に事業を進めていた企業の無理のない海外進出の方法として定着し始めている。

産業の境界や国の境界を越えることは珍しいことではなくなり、成功の機会も失敗の機会も増加したが、チャレンジ精神が旺盛な企業にとっておもしろい世界が出現しているともいえる。

外部コンテキストのもう一つの側面に、個人への力のシフトがある。一人親方になって一層強く感じるのは、個人ができることの範囲が、どんどん広がっていることだ。自分がわからないこともインターネット検索で容易に調べられる。遠くの人や企業とも直接やりとりできる。何かを試作しようとするなら、3Dプリンターがある。仕事のコストも従来に比べ安くなっている。クラウドコンピューティングが普及し、ソフトやハードを所有しなくても仕事ができる。時間や物のシェアも普通になり始めた。所有権ではなく使用権を買う文化の普及が、コストを抑え、個人への力のシフトを支援している。

仕事の仕方も、オープン型の技術開発や、必要な専門家を一定期間、外部から集めてプロジェクトチームをつくり問題解決にあたる方式が広がりつつある。資源の組み合わせで闘う方式の人材版で、内部のリソースだけに頼っていては、市場に製品を出すまでの時間競争に勝つことがむずかしい。そのため、外部の人とチームが組める人材が歓迎され、企業文化も、異質なものを受け入れる、専門性を大切にする、意見の違いを重視する、といった方向に（日本の場合はゆっくりだが）動いている。

これらの動きは、専門性が高く自律した個人の活躍の場を広げ、企業の側には、そういう個人を活用しやすい雇用契約や処遇制度の導入を促している。外部コンテキストは、個人に有利な方向に動いていると判断できる。

第3章 日本企業の特徴

内部コンテキストとして日本企業に不足する戦略論、契約概念、リーダーシップについて検討する。いずれも外部コンテキストに適応するうえで今後、理解を深めていく必要がある。

1 ビジネスモデルは内部資源に左右される

(1) 事前に決まる戦略と事後的に決まる戦略

◆戦略策定に不可欠な戦略論の知識

日本企業の戦略の決め方は、自分のもっている人材や技術を前提に、おおむねの方向を定めて歩き出し、歩いた結果見つけ出したことにより実行策の詳細を詰めていく、というのが一般的である。戦略論でいうと、創発戦略型、資源戦略型に近い。

ここで少し戦略論がどのように進化してきたかに触れたい。戦略にもいろいろな種類があり、状況に応じてどの戦略を採用するか選択できることを理解してほしいからだ。

戦略論とは、古くは孫子、新しくはクラウゼビッツ、ハート、ルトワックなどにより整理された戦争の勝ち方についての理論であり、第二次大戦後に経営学の世界に持ち込まれた。当時はアメリカとソ連が世界の覇権をめぐって競争していたことから、資本主義市場経済と社会主義計画経済の優劣の争いは、人々の関心を集めた。もともと社会主義は資本主義の欠点を補うものとして登場した。市場に任せると好不況の波も大きく独占などで富の偏在が起こるが、合理的に経済計画を立てて実行すればこの問題は防げるという考え方で、ヨーロッパを中心に支持する人もたくさんいた。

この影響を受け、一九五〇年代以降、企業経営にも計画性と合理性をもっと取り入れるべきだと考える人が出てきた。計画学派である。計画学派の特徴は、目標を決めて、それを達成するための計画を事前に、合理的に立て実行するというものだ。実行プロセスも企業戦略と事業戦略に分けて細かく規定する。この学派の中心人物の一人と目されるアンゾフが、戦略という軍事用語を経営学に取り入れ（『企業戦略論』）、軍事の戦略論と経営上の戦略論の関係が深まった。

一九六〇年代に入ると、アメリカには新たな競争相手が現われる。高度成長を続ける日本である。ソ連との競争は体制間の争いだが、日本は同じ資本主義市場経済に属するので、とても気になる存在である。その行動様式は、低価格・高品質で市場シェアを獲得するという非合理的と思われるやり方だったので、ダンピングだの、研究開発費のただ乗りなどの非難が集中した。しかし、「日本は異質」と決めつけてみても、市場でシェアを奪われるのを防ぐことはできない。もっと日本のやり方を研究しなければ、という機運が生まれたのは当然である。

日本の方法が理にかなったものだと説明できる論理的根拠を発見したのが、ボストン・コンサルティング・グループ（ＢＣＧ）のクラークソンである。彼は、累積生産量が増えると製造コストが低下するという経験曲線と市場シェアを結びつけ、企業の資金配分方法を決定するプロダクト・ポートフォリオ・マネジメント（ＰＰＭ）という道具をつくり出した。

この手法のよい点は、経験曲線や市場成長率、相対シェアは製品別に測定できることにある。効率を上げるためには何をすればよいかを具体的に考える手掛かりを入手する公式の発見である。日本企業の方法は、市場に投入したときの価格が低すぎるようにみえても、累積生産量とともに下がるコストを勘案しているので、やがて利益率が向上し、利益をあげることができる。けっして不合理な戦略ではないのだ。計画学派の「事前に、合理的に計画する」という部分の改定版である。

このように戦略を定める際、公式を使って考える方法はポジショニング学派と呼ばれ、ポーターの競争戦略論につながっていく。ポーターは、競争に影響を与える五つの要因を分析し、その結果にもとづいて闘い方、すなわちコストでリーダーシップをとるか、差別化するか、ニッチな市場に集中するかを選択すべきと考えた（『競争の戦略』）。戦略は、企業が狙う市場に対する自分の立ち位置（ポジション）に即して定めるもの、という考え方である。

◆撃て、狙え(Fire, Aim)型戦略

計画学派の考え方に異を唱えたのが、創発学派である。企業を取り巻く外部環境の変化は激しく、初めからすべてを決めることはできない（「事前に、合理的に計画する」ことはできない）ので、

状況に応じて対応すべきだ。そのため初めに計画された戦略と実現された戦略は同じとは限らない。戦略は途中で発見されたり、つくり出されたりするものだという考え方で、一九七〇年代以降、カナダのマギル大学を中心に研究された。実行したことから学ぶという意味でラーニング学派とも呼ばれるグループの一員である。

創発学派とポジショニング学派の考え方の違いを浮き彫りにしたものとして、ホンダのオートバイがアメリカ市場へ進出した事例をめぐる論争がある。日本企業はポジショニング学派が考える公式のように行動したのだろうか。

ＢＣＧは、そのとおりだと考えた。「ホンダは経験曲線を生かしてアメリカ市場に参入した」と、一九七五年のイギリス政府の調査に回答している。これに対しパスカル（『ジャパニーズ・マネジメント』の著者）の答えは、日本の方法にも合理性があるという点ではＢＣＧと同じだが、それ以外は異なっていた。パスカルの調査によれば、ホンダには事前にはっきりと決められた計画はなく、ただ二五〇ccと三五〇ccの大型バイクをアメリカで売ろうと考え、事業をスタートさせた。しかし大型バイクは売れず、駐在員が乗り回していた五〇ccの小型バイクのほうが注目を集めたことから方針を変更し、小型バイクに注力することにした。加えて、バイクのイメージを「革ジャンを着た人が乗るもの」から「素敵な人が乗るもの」に変え、新たな市場を開拓することに成功したのである。現場から学習した結果であり、戦略は事後的に発見されたのである。

創発戦略論は、戦略は事前に全部をビシッと計画するものではなく、試行錯誤の結果として偶然に発見されたり、自然発生的に創造されたりするものと考える。個人のキャリアに当てはめてみると理解しやすく、後述の「計画された偶然性理論」(planed happenstance)ともよく適合している。

創発戦略論では、戦略の前提となる環境を固定的に考えるのは間違いで、目標やそこに至る道筋をたえず修正すべきと考える。この考え方によれば、まず歩き出すことが大切となる。歩き出さなければ結果は得られない。だが、やみくもに歩き出してよいわけではなく、それなりの方法がある。

何かを実行してみて、その結果によって考える方法を、「撃て、狙え」という。戦争で、敵がどこにいるかを探るため、少人数の偵察隊を派遣した場面を想像してほしい。偵察隊は、敵のいそうな藪に向かって撃ってみる。撃ち返してくれれば、敵がそこにいることがわかる。撃ち返してこなければ(敵も偵察隊であれば撃ち返してこないかもしれない。探している相手の居場所がわかったからだ)、「敵がいるかいないかは判断できない」ということがわかる。こうして敵のいるところ、不明なところをプロットすれば、敵情は推定できる。そこで改めて体制を整えて攻撃すればよい。これが、「撃て、狙え」だ。ただし撃つ前に、敵のいそうな場所を見つけなければならない。

敵がいることがあらかじめわかっていれば「狙え、撃て」だが、「撃て、狙え」は、明確でないことにチャレンジするべきという考え方であり、次で紹介する経営資源学派につながっている。

◆経営資源学派(リソース・ベースド・ビュー)

ポジショニング学派の「市場環境と自己の能力を勘案のうえ戦略を決める」という方針を批判したグループに、日本では経営資源学派と訳されているリソース・ベースド・ビュー学派がある。市場分析ができるのは、すでにでき上がった産業についてで、これから生まれてくる、あるいはまだ市場そのものが十分に構築されていない産業には当てはまらない。本当の競争は、新しい産業や市場をつくり出せるかどうかで、勝っている企業はこれに成功している。それゆえ大切なのは目にみえない資源（コア・コンピタンス）であるとする（『コア・コンピタンス経営』）。資源には、いまもっているものだけでなく、今後開発する能力も含まれると考えているので、ラーニング学派に近い。戦略は、自己のコア・コンピタンスを所与として策定されるが、新しいことは、計画どおりに進まないので当然、修正を要求される。そのため、どちらかというと事後的に決まる戦略の仲間である。この考え方はやがて、動的戦略実現能力（ダイナミック・ケイパビリティ）の重視という方向に進み、人材や技術を自分で育てるか、他社と共有（シェア）するか、それとも外部から購入するかなど、「どのように入手するか」に着目するようになる。

「組織は戦略に従う」という有名なチャンドラーの言葉がある。これを現代的に表わすと、「ビジネスモデルは組織に従う」となる。第2章で説明したように、グローバル時代とは、ビジネスモデルによる競争なので、戦略という単語をビジネスモデルに置き換えたものだ。戦略はビジネスモデルの一部と考えられている。チャンドラーは計画学派なので、戦略が先にあり、その実行のために人を集めたり組織をつくったりする。そのため「組織は戦略に従う」だが、内部資源を前提にビジネスモデルを選択することが多い日本企業は、「ビジネスモデルは組織に従う」となる。

変化の激しい時代には、技術や社会制度はどんどん変化してしまうが、それに比べれば組織や社会制度の土台となる文化の変化速度は遅い。したがって組織や文化（両者の関係は、後述するように、きわめて密接である）が所与で、ビジネスモデルを選ぶ際の前提条件になってしまう。日本企業のビジネスモデルが内部資源に左右される理由である。

問題は、競争優位性のもととなる資源（コア・コンピタンス）が環境変化の影響を受けるので、それをもっていれば勝てるとは限らないことである。大型コンピューターの時代に十年以上も故障しない信頼性の高い半導体をつくる技術で世界を制覇した日本の半導体産業も、パソコンの時代になると苦戦する。設計部門と製造部門が分離され、製造部門をもたないファブレスと呼ばれる会社や、製造だけを引き受けるファンドリーと呼ばれる会社が誕生したからだ。主力製品のＤＲＡＭの価格は急速に低下し、日本企業は半導体製造にかかる巨額な設備投資資金の回収に苦労するようになる。ファンドリーは自分のブランドをもたず、どこの会社の半導体の製造も引き受けるので生産量が多く、多少値段が下がっても設備投資資金を回収できる。コア・コンピタンスは「信頼性、高機能」から「安く、速く、たくさんつくる」に変化した。日本の半導体産業が敗退した原因のひとつは市場ニーズの変化に対応できなかったからである。

(2)　戦略的思考に欠ける日本企業

◆軍事知識の理解に乏しい日本のマネジャー

戦略論のセミナーをしていて強く感じるのは、マネジャークラスの軍事に関する知識が日本では圧倒的に不足していることである。ハンニバルもナポレオンも、知らない。名前は知っていても、何をしたか知らない。歴史は戦争の話で満ちているので、軍事に関する知識は当然、歴史の知識と連動している。ところが大学受験に世界史や日本史をとらずにすむことが多いためか、高校時代に勉強していない人もいる。軍事を知るよしもない。これは戦略論を理解するうえで非常なハンディキャップである。

戦争について知っていれば、だれと戦って何を獲得するかという戦略目標（たとえば、イギリスと戦ってアメリカの独立を獲得する）や、その達成のためにどういう戦い方をするかという実行プロセス（たとえば、戦場は海か陸か、平原か山岳か、どういう装備が必要か、どの部隊がどこの戦場を引き受けるのか）を考えることは、そうむずかしくはない。しかし、「戦争は悪い」とするだけで思考停止している場合には、資源の配分をもっとも集中しなければいけない主戦場はどこか、大きな人数を動かすにはどういう工夫が必要か、などには思いが及ばない。日本では、事業部制も、ライン・スタッフ制度も未成熟なところがあり、なかなかうまく機能しないが、このあたりにその理由があるように思う。

軍事に関する知識が不足しているため、「戦略」という言葉は、日本では実態をともなう本質的なことを意味する単語ではなく、単なる修飾語のように使われる。言い換えれば、中期計画や願望を表現するものになっているケースが多い。これではグローバル時代の競争は勝ちづらい。

グローバル競争時代の特徴として、複雑性の制御が必要なことをあげたが、その対応策のひとつが、即応性の向上であることはすでに述た。あと出しジャンケン主義と表現したが、軍事用語でいえば、行軍速度の引き上げである。行軍速度が大事になるのは、敵の防御が弱い地点に兵力を集中して勝とうとするような場合である。たとえば別々なA、B、C地点に布陣する三つの部隊をX地点に攻撃開始予定時間までに集めるという作戦を立てたとしよう。攻撃開始時間までにX地点に到着するには、それぞれの部隊はどのくらいの速度で移動したらよいかを考えなければならない。このときの速度が行軍速度である。敵も弱点に気づいて兵力を増強するかもしれないので、速度は相対的である。要は相手よりもいかに早く目的とする地点に到着するかだ。

ビジネスの場合、技術開発や製品開発、あるいは市場への投入を決める際に、この行軍速度を考慮しなければならない。ところが日本では、自分の行軍速度についての綿密な分析や競争相手の行軍速度に関する判断は行なわれず、自分のできる範囲で努力すればよしとする傾向が強い。行軍速度という概念が、どちらかというと希薄なのだ。「選択と集中」という言葉は企業の効率を上げる戦略としてしばしばマスコミに登場するが、軍事に関する知識が不足しているので、何を目標とするかという「選択」と、そのための資源の「集中」には、行軍速度がともなうという認識が乏しい。

人材の評価では、成果はそれほどでなくても目標が正しく、それに向かって努力していれば落第点はつかない。しかし戦争となると、戦闘が始まったときにA部隊は目標地点まであと五キロメートルだったとか十キロメートルだったなどは意味をなさない。結果としてどのくらいの戦力を戦場に集中できたかが大事なのだ。行軍速度に鈍感でもよいのは、競争条件がゆるやかな場合に限られる。競争条件が厳しいグローバル時代には、日本の人事考課制度ももっと結果重視の方向にシフトさせる必要がある。

◆戦略で闘うためには専門経営者が必要

二十世紀の終わりごろに日本の経営上の問題点として、「日本企業は押しなべてコストと品質で競争しているが、それでは利益率は向上しない。もっとバリューチェーンのどこでがんばって、どこでがんばらないかの選択といった、戦略にもとづいた競争をすべきである」という指摘があった(『日本の競争戦略』)。それからだいぶ時間が経過したが、日本企業の行動にあまり変化はみられない。いまだに日本はオペレーションの効率で闘っている。理由は、専門経営者という職種の不在である。

日本には、一芸に秀でた人は他の分野でも優れた判断ができるという考え方が存在する。「違いのわかる人」というコマーシャルのコピーがそれをよく表わしている。この考え方は、正しい部分もあるが、非常に高い専門性を要求されるときには疑問なしとはしない。プロ野球の場合、日本では名選手しかコーチや監督になれない。選手の仕事とコーチや監督の仕事は異なるのに、である。コーチや監督の専門性の不足が、アメリカの大リーグで通用する日本のプロ野球選手が少ない理由のひとつではないかと思う。経営者についても、日本は事業部門で業績をあげた人が選ばれる。事業に詳しくない人は経営ができないという思い込みがあるのだ。三割打ったことがない人はバッティングコーチになれないと考えるのと同じである。

経営者は、会社全体の経営を考える専門家であって、事業部門の代表ではない。サッカーやゴルフの場合、コーチになるにはそれなりの勉強と訓練が必要であるように、経営者も戦略論やリーダーシップについて専門の教育と訓練を受けた人があたるべきである。また、そうであるからIBMの経営改革を元ナビスコの経営者ができるのであり、GEの元幹部がエアラインのトップやクレジットカード会社のトップを務められるのだ。経営幹部が企業内部から昇進した人だけだと、判断はどうしても企業内部の事情が中心になる。日本企業に戦略的思考が欠けるのも、ビジネスモデルが内部資源に依存するケースが多いのも、専門家の不在が影響している。

(3) 組織慣性の強さと内部資源依存体質

日本企業のビジネスモデルが内部資源によって左右される理由のひとつに、組織のもつ慣性が強い点があげられる。組織のもつ慣性が強いとは、従来からの動きが継続され、進む方向が変化しにくいという意味だが、このことを理解する前に、組織とは何かについて知っておく必要がある。「組織の歯車になる」「組織を改革する」など、いろいろな場面で組織が論じられるが、「組織とは何か」を理解していない人が多いように感じられる。

組織設計の原則は、「あったほうが便利な場合につくる」である。経理課、人事課などと、特定の機能を区分けするのは、専門的なことはだれかに任せたほうが効率がよいからだ。便利でなければ、つくる必要はない。小さい組織であれば、管理課のなかに会計係と人事係があれば十分かもしれない。しかし製造工場で製品のコストを正確に把握することが工場の運営上どうしても必要になれば、会計係から原価計算を専門に担当する人たちを分離して原価係をつくったほうがよい。分離したほうが責任の所在がはっきりし、専門性も高まるからだ。このように組織は、仕事の分量や性質を考慮し、どのような専門集団をつくったらよいかを考えた結果、でき上がったものである。組織設計の基本原理は分業なのだ（図表１）。

◆縦の分業と横の分業で組織構造が決まる

組織の場合、分業は「横の分業」と「縦の分業」の二種である。設計部、製造部、検査部、経理部という区分は、製品を製造するのに必要な機能を並べた横の分業である。これに対して部長、課長、主任という区分は、意思決定作業を縦に並べて分業化したものだ。部長は会社の方針を考慮して自分の部隊は何をすべきか（what）を考え、どのように実行するか（how）を課長に指示する。課長は、部長の指示を実行するには何をすべきか（what）を考え、主任にどうやるか（how）を指示する。このようにｗｈａｔとｈｏｗは階層別につながっている。横の分業と同様に、ポストもあったほうが効率的だと考えればつくる。組織構造は横の分業と縦の分業の組み合わせで決まるのだ。

組織を分け専業化したことにより、活動を通じて獲得した知恵は専門組織に蓄積される。製造部門のケースでいえば、たとえば量産を素早く立ち上げるのには、どのような点に注意して設計しなければならないか、生産する機種の変更を迅速に行なうためには、設備の段取り替えはどのようにやらなければいけないかなどのノウハウは人に蓄積されるが、設計部、製造部にも図面や作業指示

図表1●組織設計の原則

原則1
専門に担当する部署をつくったほうが効率がよい［便利な］場合はつくる

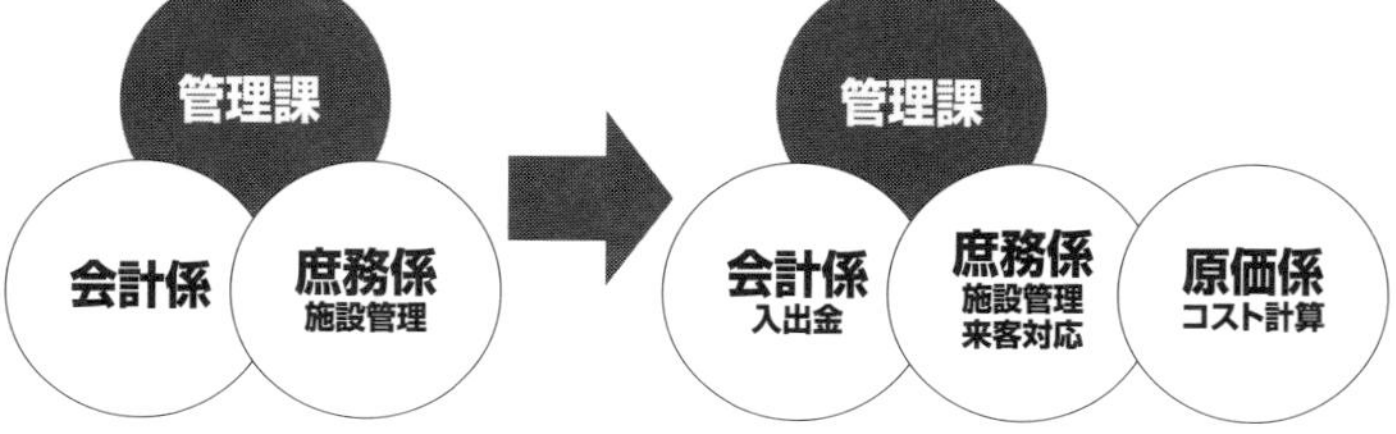

原則2
利用のルールを決める

1●●●仕事の領域を決めておく必要がある

通勤費補助は実費の80%という規則があったとして、「実費」の解釈はだれが行なうか
会計係かそれとも労務係か?

実費の解釈の事例
並行する鉄道（私鉄とJR）がある場合
1●本人が選択した経路が実費
2●どちらか安いほうを実費とみなす

2●●●効率をよくするためには、ルーティン［繰り返し行なわれる通常の意思決定ルール］が定められなければならない

給与計算に必要なデータは、給与計算が始まる日の前日午後5時までに会計課に連絡する
（各課がそれぞれ給与計算をしなくてもよい）

原則3
効率の考え方は文化に影響される

1●●●決めたことは守る

鉄道の時刻表

2●●●こっそり好きな分野の研究を進める

3●●●教え方も文化により異なる

4●●●見本を示し、そのとおりに行なわせる

5●●●教えない、自分で気づかせる

書の形で蓄えられる。

会社の進むべき方向を左右するような大きな意思決定ではなく、日常的に繰り返し行なわれる意思決定をルーティン（routine）と呼ぶ。仕事を円滑に進めるためには、都度判断するのではなく、あらかじめ決めておいたルールに従って意思決定したほうが効率的と思われたときに、ルーティンが成立する。たとえば時間外労働時間では、今月の給与に反映されるデータをそのつど判断するのではなく、給与計算が始まる前日の午後五時までに会計課に提出されたものを使う、などが該当し、もれや届出遅れは翌月支給になる。スポーツでも同じ動作によって効率的に準備態勢を整えることをルーティンと呼ぶが、どちらも過去の経験、試行錯誤の結果から形成される。

◆組織は組織構造とルーティンと文化がつくる

企業組織の場合、ルーティンは仕事を効率的に行なうためにルール化されたものだが、それぞれの部署が自分の仕事をするために前工程からもらわなければいけない情報がある。そのため、前工程からどのような情報をもらい、後工程にどういう情報を流すかも決めておく必要がある。これも経験や試行錯誤の結果、決まってくるので大切なルーティンのひとつである。

見方を変えると、組織の区分をどこにするかは、ルーティンをよく見極めて決める必要がある。組織を区分すると壁ができるのが常で、情報の流れがおかしなところで切断されると効率が上がらないからだ。意思決定の方式も、専門性によりこの種の問題はこの部署が担当するとか、このくらいのことは課長が決定してよい、などの形でルーティンとして固まってくる。外部環境の変化で仕事のやり方が変化したらルーティンも変わるので、組織区分も変えなければならない。このようにしてルーティンは、横の分業、縦の分業に影響を与える。ルーティンと組織構造は関係が深いのだ。

組織構造もルーティンもあったほうが便利だからつくられる。しかし、何が便利と考えるかは仕事によって異なる。仕事の手順について定めたマニュアルを事例に考えてみよう。マニュアルどおりの仕事が効率をもたらす代表が、鉄道である。運転手は、時刻表どおりに駅を発着することが求められ、そのための手順が定められている。したがって時刻表はマニュアルの一種である。いつも電車が遅れるようでは乗客が減ってしまう。そのため、マニュアルを守ることを奨励する制度がつくられる。組織構造も指揮命令のはっきりしたものが採用される。これらは、組織の人々の「何が好ましい行動か」という判断に影響を与え、組織のつくり方に影響するという相互作用が起こり、次第に組織文化が形づくられる。

これに対して製造業の場合は、作業マニュアルはあるが、それを守っているだけでは競争に勝てない。効率向上のためには常にマニュアルの改定が必要になるような改善が求められる。大切なのはルーティンを守ることではなく、改善することである。

研究開発部門の場合はさらに事情が異なる。研究開発の成果が会社の命運を左右するような産業では、会社としては公に認めていない研究をする自由を認めたほうが、効率がよい。そのため、持ち時間の二〇％は自分の好きなテーマの研究をしてもよいという規則を定めている会社もある。ルールが厳密でないほうが、効率がよいと考えた結果だ。

組織はこのように、組織構造（アーキテクチャー）とルーティンと文化（カルチャー）でできている。それぞれの頭文字をとって、組織はＡＲＣでできていると表現される。

◆日本の企業はなぜ組織の慣性が強いのか

組織はある意味、高速道路のようなもので、便利だからとつくっても、みなが利用してくれなければ、つくった意味がない。高速道路は一般道との接続が不便では利用されない。料金が便利さに比べて高すぎても利用されない。これを組織に当てはめると、前者はコーディネーション問題、後者はインセンティブ問題となる。

組織を区分すると、専門性は高まるが、組織と組織の間に壁もできる。その両方が作用して、部門としての目的が確立され、仕事を効率的に行なうための独自な論理が生まれる。これらは、時として組織全体の目標や利益と一致しないことがある（コーディネーション問題）。国家官僚組織が「省益あって国益なし」と批判されるのは、この現象のためである。国の目標と省の目標は接続していなければならない。全体の目標を達成するためにはいろいろな部門が同じ方向を向いて、お互いに協力して活動することが不可欠で、そのためにはどうしたらよいかを考えなければならない。ビジョンやミッションについて十分議論し、共有化するのが基本的な対策だが、トップも時々代わるので、共有化は簡単ではない。

組織をつくっても利用されなければ意味がないので、利用するよう人々に刺激を与える必要がある（インセンティブ問題）。事業部制を導入し、事業部としての業績をベースに賞与を支給するなどは、事業部内の各部門が協力して業績向上に取り組むための工夫である。一方で、組織で働く人が「喜んで働く」のでなければ、組織は成立しない。会社の目的と個人の目的は必ずしも一致しないことから、企業の目標に沿った行動をとってもらうための施策を考えなければならない。そこで、個人がもつキャリア目標に沿った仕事や配置を考えたり、能力開発プログラムを提供するなど、人材マネジメントでの対応も必要になってくる。

コーディネーション問題もインセンティブ問題も、組織がもつ基本的な性質がもたらすものなので、対応策をつくるには時間がかかる。それゆえ、一度つくった対応策は長く使いたい。

改めて整理すると組織構造Aは効率を求めてつくられる。効率についての考え方は文化Cの影響を受ける。ルーティンRは過去の経験の積み重ねから形づくられるので変わりにくい。効率向上のためのものでもあるので文化の影響を受ける。情報の流れにも関係するので、組織構造に影響を与える。文化はそもそも簡単には変化しない。結局、組織がARCでできているので、組織はいったん確立すると変わりにくいのだ。

組織がもつ、このような性質は世界共通である。では、なぜ日本の組織は慣性が強いのか。それは戦略の立て方と関係する。アメリカや欧州企業では、事前に戦略を立て、その実行のために人を集め、組織をつくるケースが多い。戦略が変われば、その実行手段も変わるので必要な人も組織も変えなければならない。組織や人は所与の条件ではなく変数なのだ。組織に対するこだわりも強くない。人が感じるロイヤルティは、組織ではなく自分の専門性に対するものである。これに対して日本では、事後的に決まる戦略を採用するケースが多い。この場合、内部資源である人や知識が集積されている組織は所与である。状況が変化したときに変わるのは戦略のほうで、人や組織ではない。所与の条件は、よほどのことがなければ変えない。もともと、伝統を大切にする文化があり、労働市場の流動性は低い。これらが影響し、日本の組織の慣性は、欧米に比べて強いのである。

2　「買う側が偉い」という不平等

(1)　顧客第一主義と契約概念の不足

◆「ダースで買えば安くなる」は本当か

日本の特徴のひとつに、売る側よりは買う側の立場が強いという傾向がある。本来、取引は対等な人の間で成立する行為なので、どちらかが強いのは、商品が希少で買い手がたくさんいるか、商品はたくさんあるが買い手が少ないなど、需要と供給のバランスが崩れている場合に限られる。ところが日本では、需給に関係なく、どうも買う側が優位である。買うか買わないかを決めるのは買う側だ、というスタンスが強い。特に大量に買う場合は当然、値引きを要求できるというフィーリングが存在する。これは、第２章で述べたマス・マーケティング、大量生産、大量販売の時代の経験が色濃く残っているためと思われる。その証拠に、この時代の雄であるアメリカには「ダースで買えば安くなる」という言葉があり、やはり同じ感覚がある。これに対し大量生産品をあまり尊敬しないヨーロッパでは、そうではない。

売り手と買い手の関係が需要と供給のバランスで決まるという考え方だと、日本では供給が需要を上回ることが多い（前述のポーターほかが批判したように、大量消費時代以降の、どのメーカーも品質と価格で競争するという傾向から当然、そうなりがち）ので買う側の力が強いというロジックになる。しかし、いつも供給過剰であるわけはないので、この分析は単純すぎる。

一橋大学の寺西重郎名誉教授は、プロテスタントの考え方がイギリスの経済活動に影響を与えたように、日本では仏教の考え方の変化が物づくりに影響を与えたと分析している（『経済行動と宗教』）。イギリスでは、消費者は不特定多数の個人と考えられたのに対し、日本では、顔のわかる特定の人たちの評価を期待して商品を生産する文化が生まれたとしている。そのため消費者とは、商品の良し悪しを判定する人ととらえられた。お客さんを不特定多数の消費者と考える場合は、需要と供給の関係が優先されるので買い手が一方的に偉いとはならない。そこが日本との違いかもしれない。

以下はフランスで工場の立ち上げに携わったときの私の経験である。

フランスに派遣された日本人は十人以上いて、それぞれが自動車を買うことになった。どうしても買いたい車種がある人を除いて、十人がフランスにきた以上フランスの車を買おう、そのほうがフランスに溶け込むことができると考えた。十台も買えば値引きも獲得できるだろうと、私が代表して地元のディーラーと交渉を始めた。交渉を始めたころは一〇％以上の値引きもできそうな雰囲気があったが、話が進むに従って次第に難色を示すようになった。十台の車種は家族構成その他違っていても当然なのだが、問題は車の仕様と色である。日本人は全員がオートクラッチ、パワーハンドル、パワーブレーキで、どちらかというと落ち着いた塗装を希望した。ところがフランスではマニュアルが好まれ、オートクラッチは月ごとに納入される車の十台につき一〜二台とのこと。とても一度にそろえることはできない、値引きはしても三％（普通に一台買うのと大差なしか少ない）、いまから発注しても塗装まで加味すれば六ヵ月はかかるという。近隣のディーラーから回してもらうのも無理とのこと。毎日の通勤や買い物にどうしても車が必要なので結局、各人がドイツ、日本、イギリスなどのいろいろなメーカーの車をそれぞれのディーラーから購入し、フランス車は少数派になってしまった。

この件は、フランスの自動車産業の生産方式や流通方式の問題のようだが、人事課長のレミさんの意見は違った。フランスの小売業のスタンスの現われという。彼の説明はこうだ。

魚屋さんがある日、新鮮でおいしい魚を仕入れることができたとする。「山田さんは、この魚が好きだったな、奥さんが通りかかったら声をかけよう。きっと喜ぶに違いない。鈴木さんと田中さんの奥さんにも教えてあげよう、あとでひがまれると困る」などと考える。そこに伊藤さんの奥さんがきて、「あら、良いお魚ね、全部ください」となったらどうなるか。当然、「一匹だけなら売ります、全部ならこの値段」と値段は高くなる。

つまり、買った人も売った人もうれしさが同じになって初めて取引が成立するという契約型の考えで、そのバランスをとるのが価格である。マーケティングの世界もマスから個人対応に動いている状況から考えると、なるほどと納得できる。どうも「ダースで買えば安くなる」という世界ばかりではないようだ。

◆イノベーションを妨げかねない「こだわりすぎ」

買う側が偉いという考え方を典型的に示すのが「お客様は神様」というフレーズである。この考え方は、ともすると顧客の声を製品開発に反映させすぎることにつながる。クリステンセンのイノベーションの本で有名になったハード・ディスク・ドライブ（ＨＤＤ）の事例を紹介する。

一九七〇年代、大型コンピューターの記憶装置に使われるＨＤＤは一四インチが主流であった。その後、記憶容量は小さいが値段の安い八インチのＨＤＤが開発されたが、大型コンピューターメーカーは一四インチの大容量化を望み、八インチを採用しなかった。そのため八インチはミニコンピューターメーカーが主要な顧客となった。その後、技術進歩により八インチの記憶容量は年四〇％増加し、一九八〇年代になると大型コンピューターにも使われるようになった。その結果、お客さんの意向を受けて一四インチの大容量化に取り組み、八インチを手掛けなかったＨＤＤメーカーは、市場から撤退せざるをえない状況に追い込まれた。同じようなプロセスが八インチから五・二五インチへの移行時、五・二五インチから三・五インチへの移行時にも繰り返され、八インチＨＤＤメーカー四社のうちＰＣ時代に生き残れたのは一社のみ、また三・五インチの時代には、五・二五インチ時代のＨＤＤメーカーで生き残れたのは一社のみで、ほかは全部撤退という結果となった。

主要顧客は通常、市場で優位性のある企業なので、現状変化を望まない傾向にある。そのため、主要顧客の声だけに耳を傾けていると変化に遅れてしまうことを端的に表わした事例である。

日本の海軍の零式戦闘機も、顧客の声を聴きすぎた事例である。顧客である海軍の戦闘機パイロットの声を取り入れて改良に改良を重ね、11型から52型までつくり結局、零式戦闘機は太平洋戦争の全期間使用された。このことは技術者の努力を物語るが、別な見方をすれば、希少な設計者を小型戦闘機の改良作業に浪費したために、次世代の戦闘機の開発が遅れたともいえる。時代は、零戦のような一千馬力のエンジンから、二千馬力のエンジンで高高度での戦闘ができる大型機に移っていたのだ。日本海軍の次世代機である「烈風」の試作機が完成したのは敗戦の直前である。

この二つの事例は、主要顧客の声を聴くだけでなく、技術の進む方向や使い方の変化についての判断の重要性を物語っている。「日本企業はどこもコストと品質で競争している」とポーターや竹内が批判するように、日本企業が品質にこだわりすぎる原因のひとつが、顧客第一主義にある。

買う側の立場が強いという不平等が日本に存在する理由のひとつに、契約概念の不足がある。対等の立場を維持しようという努力に欠けているのだ。契約とは本来、当事者の間で約束したことについて誤解が生じないよう明文化したものであり、トラブルを回避するための手段である。国によっては口頭での契約は無効とするところもある。ところが日本の契約に対する考え方は、文書化により問題の発生を最小化するというよりは、問題が起きたときは誠意をもって話しあうことで解決をはかるというほうが有力である。信頼関係を取引の基盤と考えているためだ。しかしお互いを信頼して取引をするとしても、言語が違ったり、商習慣が違ったりする国の企業とでは、誤解を避けるために約束の内容を文書化することは、どうしても必要である。

そもそも日本では日常の生活でもあまり契約ということを意識しない。たとえば企業に就職する場合である。本来、就職するとは、労働契約を結ぶことだが、契約の内容を吟味してサインをする人はまれである。関心があるのは初任給や勤務時間などがせいぜいで、就業規則に従って働くという程度の内容しか書かれていない契約書に署名する。実際上はそれでも問題は生じないが、それは就業規則の内容が労働組合あるいはそれに相当する組織と会社で交渉した結果が反映されたものだからである。

契約概念の不足から起きた失敗は数限りない。契約の当事者を海外の子会社としたため、せっかく買った特許を日本で使えなかったという初歩的な事例すらある。特許やノウハウなど知的財産に関する規定をきちんと契約に織り込まなかったため、日本の新幹線技術が流出し、中国が自前で開発したものとして世界中に売り歩くことを可能にしたという大失敗もある。契約概念の不足は、国際取引上、日本のハンディキャップである。

◆プロは自分で交渉し、個別に契約を結ぶ

企業が人を採用する場合には契約が必要だが、企業と個人とではどうしても個人の力のほうが弱く、不利な条件を押しつけられかねない。それを防ぐ意味で、最低賃金などを定めた労働法規がある。労働組合という団体を組んで交渉するのも、契約にあたって不利にならないよう対等な立場が

維持できるようにするためである。

だが、専門性が高くその実力が高く評価されている人は、団体を組まなくても対等な立場で交渉できる。プロスポーツ選手や芸術家、高度な技術をもつ経営者など、プロといわれる人々は原則、自分で（代理人を立てることもあるが）労働条件を交渉し、自分という商品の価値を契約内容に反映させる。働く時間の長さではなく、仕事の結果で給与をもらう。企業で働く人の場合もプロとみなされる人は通常、時間外手当の対象外である。労働法の保護の対象外という意味で、アメリカではエグゼンプトと呼ばれ、労働組合に加入できない。同様の規定は世界中にあり、たとえばフランスではカドーレと呼ばれ、やはり時間外手当の対象外である。

日本の場合は、管理職以外はすべて時間外手当の支給対象だが、世界中では、大学を卒業した人まで対象とするのはかなり異例な制度である。これは第二次大戦後に日本に労働法を導入するに際して、アメリカではエグゼンプトの定義に関する労使の紛争が多かったことから、それを回避するため、マネジャー以上と割り切ってしまったことによる。この結果、給与制度上、日本では長い時間働くと給与が増える仕掛けになってしまい、仕事に関する専門性、独創性といった事柄に対する評価が賃金と結びつきにくくなった。

しかし今日は専門性や独創性といった知的なもので世界と競争する時代なので、働く時間の長さではなく、仕事の成果で報酬をもらう人をもっと増やさなければならない。大学卒はそういう人材の卵なので、会社に入って三年もすれば、プロと呼ばれる人材になってもらわないと困る。エグゼンプトのように、ここから先はプロですよというメルクマールがあるとないでは、能力伸長に違いが出てきてしまう。

グローバル競争の時代は、資源の組み合わせで闘う時代だと第2章で説明した。資源には自分でもっているもの以外に、他人がもつものや、今後開発する能力も含まれる。今日、市場への商品の投入速度を上げたり、新しい技術を開発したりするためにオープンな形で世界中からプロ人材を集め、課題を達成したら解散する方式は一般化しつつある。こういう場合、労働条件は個別に交渉して決めるのでなければ、優秀な人材を集めることはできない。また、一時的なプロジェクトのためではなく、会社の重要なポストに他社から人材を引き抜くことも、海外ではめずらしいことではない。この場合は、引き抜きのために特別な労働条件を提示する必要がある。逆に他社に優秀な人材を引き抜かれないために、優遇するのも普通である。

このように、タレントと目される人とは一般的な条件で契約するのではなく、個別な労働契約を結ぶのが普通である。日本もそういう時代にすぐなる、いやならないと勝つことがむずかしくなる。

(2) サプライチェーン・マネジメントが広がらない

買う側が偉いというフィーリングは、買う側は売る側に情報の提示を求める権利があるという機運につながる。通常、商品についての情報は売る側がもっている。買う側は、商品の良い点についての説明は受けるが、他社に比べて劣った点や機能上の欠陥などは説明されなければ知りえない。

商品についての情報は非対称である。この状態を改善したいので、売り手に情報の開示を要求する。

ネットビジネスの立ち上がり時期には、お客さんは頻繁に買う場所を変更すると予想したのは、買う側はネット上で商品に関する情報を入手するので、この非対称性が崩れると考えたためである。継続的な取引の場合と異なり、一時的な取引では、売り手が知りたいのは、買い手の支払い能力の情報などに限られる。お金を現金かクレジットの形で受け取り、商品を引き渡せば取引は終了する。一方で買い手は商品を使用するので、あとあとまで取引の影響が残る。それゆえ取引する前にいろいろと知っておきたい。このため、知りたいことの交換がイコールにはならない。

買い手側の、「売りたいならもっと情報を開示せよ」という主張は、一般消費者なら正当な意見だが、サプライチェーン・マネジメント（ＳＣＭ）の広がりを妨げる。買い手側の情報ももっと開示されなければならない。ＳＣＭは買い手と売り手が同等に情報開示することで成立するからである。製造業の場合でいうと、買い手である完成品メーカーが売り手の部品や材料のサプライヤーに一方的に納期、在庫、生産計画など情報の開示を要求するだけで、サプライヤーが知りたい完成品メーカー側の情報、例えば生産計画やその先の商品の売れ行きなどを開示しなければ、ＳＣＭはうまく機能しないのである。

◆「村人性」が情報の流れを阻害する

ＳＣＭの発展を妨げるもう一つの要因が、情報の流れを阻害する組織の壁である。組織の慣性が強い日本では当然、組織間の壁は高い。モラールサーベイに類する調査をすると多くの場合、身の周りの組織に対する信頼のほうが、組織全体に対する信頼性よりも高い。「あなたの職場は良い職場ですか」という質問には肯定的な答えが多く、「あなたの会社は良い会社ですか」には、それほどでもないという答えが多いのだ。この状態は「サイロ型」と呼ばれているが、私は「村人性《むらびとせい》」と名づけている。村の人は信用できる、町の人は信頼できない、旅人は危険だ、という反応だからだ。程度の差はあれ多くの組織で見受けられる反応でもある。

これが顕著に現われている例が、製造業における、営業部門と本社（あるいは事業本部）と工場の間の以下のような議論である。

【工場】

・（営業は）良い品を安く売っている。安く売るならだれでも売れる
・（営業は）受注予算を守らない。短納期の受注が多い
・（本社は）余計な資料ばかり要求する。方針がたびたび変わり一貫性がない
・（本社は）現場を知らず机上の空論が多い

【営業】

・（工場は）価格がコストで決まるのではないことがわかっていない。市場価格で決まるのだ
・（工場は）売りにくい製品ばかりつくる。顧客ニーズに合っていない
・（本社は）営業の苦労がわからず勝手なことばかり言う。無理な予算を押しつける
・（本社は）市場のニーズを把握していない

【本社】
・（工場は）原価低減努力が足りない。売れる商品ではなく、つくりたい商品をつくる
・（工場は）製品開発の速度が遅い
・（営業は）会社の方針への理解が不足している。戦略性がない。新規顧客開拓ができていない

どの部門も、自分はよくやっている、悪いのは他の部署だ、と。セミナーでこの話をすると多くの受講生が「うちもそうだ」という感じでうなずくケースが多い。村人性はかなり普遍的である。

◆懐を開示しあう対等な関係の構築

サプライチェーンという言葉は、東日本大震災以降、日本でも知られるようになった。自動車部品の供給がストップしてメーカーから大勢の人が派遣され、被害を受けた工場の再建に協力し話題となったが、日本ではサプライチェーンは原材料や部品の供給ルートのことと受けとめられ、ＳＣＭは部品供給が滞るリスクを回避する手法と思われている。確かにそういう機能もあるが、ＳＣＭの本質は、仕事を効率的に実行するためにお互いの懐を見せあうことにある。

ＳＣＭが欧米で発展したのは、製造工程のすべてを自分で行なうのではなく、得意なところだけ担当して、ほかは他の企業に任せるといった水平展開方式の物づくりによるところが大きい。製品のモジュールをつくる企業との情報交換が大切だからだ。

自分が担う部分の情報は入手しやすいが、他人に頼む部分の情報は入手しにくい。たとえば制作を依頼したモジュールの作業進捗状況を知りたくとも、欧米では「納期は守ります」程度の回答が

普通で、どこまでできているかは契約上の規定に盛り込まれてでもいなければ、教えてなどくれない。問い合わせに対する回答がどのくらい正しいかもわかりにくいので、工夫が必要になる。それが、他人に頼んだ部分の情報を入手するために、自分の情報も開示するという方法である。

モジュールや部品のサプライヤーにとっては、メーカーの受注状況、今後の受注計画、納入済みのモジュールや部品の在庫量等がわかれば生産計画が立てやすい。需要予測の確実性が高まるので、過剰生産や過少生産を避けて効率よい生産ができるからだ。双方が情報を開示することによりウィン・ウィンの関係が成立する。このようにして水平展開方式の場合はお互いに情報交換をするSCMが発達した。一方、垂直統合方式では、大部分の情報は社内で得られる。そのため、メーカー側はサプライヤーの情報提供をリスク管理の必要上から請求することが主で、効率化のためという考え方は生まれなかった。サプライヤーから情報を得られたのは、買い手優位文化によるものである。

それぞれのもつデータをオープンにすることにより仕事の効率を上げるというSCMの考え方は、前述の工場と営業と本社の三角形の関係を解消するのに役立つ。営業は、工場の製品在庫や生産計画がわかれば、お客さんに納期を回答しやすい。製品別の原価がわかれば、利益をあげるには何を優先的に売ればよいかが判断でき、値引きの限度額も設定できる。本社や事業本部の計画立案過程で使われるデータが入手できれば、どの分野の新規顧客開拓を優先すべきかがわかり、事前に手を打つことや、リソースの配分が工夫できる。工場は製品別の受注状況や納期がわかれば生産計画が立てやすい。

このようにＳＣＭは、関係部門のデータを部門や会社といった垣根に妨げられずに得ることにより、仕事の効率を上げる仕掛けである。共通化された資料（営業が受注状況という資料を自分の予算達成状況を知るために作成したとしても、それは工場の生産計画の策定に役立つという意味で共通な資料である）をみて、それぞれの部門が一喜一憂できる制度である。別な表現をすれば、買い手売り手という立場ではなく、お互いが懐をみせあう対等な関係での情報交換であり、グローバル競争の時代のキーワードである、「オープンかつ平等」を体現したシステムである。

3　リーダーシップ不在とその影響

(1)　グループ討議が成り立たない

◆意見を交換することがうまくできない

本章では、グローバル競争の時代という視点から、日本企業のもつ特徴点のうち今後の競争力に大きく影響すると思われるものとして、ビジネスモデルが内部リソースに左右されやすいこと、買う側が偉いという不平等が存在することの二つをあげた。そして「戦略的思考に欠ける」「契約概念が不足」などと指摘したが、それはコインの一面であり、良い点もいろいろある。人材を大切と考える傾向が強く、権限移譲が上手なので事後的に決まる戦略が採用できる。また契約書を取り交わさなければ安心できない社会よりは、お互いに信頼関係があり口約束でも公正な取引が成立するほうが住みやすい、などがあげられる。ただし良い点ではあるが、ハンデキャップにもなりうる。しかし、それが特徴というものだ。

内部コンテキストとしての企業の特徴は上記のとおりだが、企業のもつリソースとしての人材にはどのような特徴点があるのだろうか。答えは、「リーダーシップの不在」である。「撃て、狙え」型でミドルが実践のなかから戦略を見出していく日本の場合、企業トップのリーダーシップが多少弱くても問題は少ない。しかし、そのミドルの中核をなす課長クラスでリーダーシップが不足となると大いに問題である。

◆議論しなければ方向は定められない

課長クラスのリーダーシップ不足を示す最近の顕著な現象に、グループ討議が上手にできないことがある。私は十年ほど前から工学部の博士課程や修士課程の学生にキャリアについての授業をしていて、グループ討議が上手でないことには気がついていた。それがあるときから急に、課長クラスの研修でもグループ討議が滞るようになった。議論を闘わせることをしなくなったのである。

たとえば、「リーダーの役割と、その役割に必要なスキル」という課題でグループ討議をさせると、各人が付箋紙に意見を書いてそれを台紙に貼りつける。そして、この意見とこの意見は同じグループというように整理し始め、これがある程度すんだところで討議の結果だとする。それは単なる分類であって討議ではない。あるいは、こういう考えや意見がありますと多様な意見が並べられたままで、優先順位も大中小の関係も決められないままの発表もある。議論は行なわれていないのだ。

メンバーがはっきり意見を言わず、もじもじしているだけなので、「出てきた答えを改善できるように、他グループに助言せよ」と私がアドバイスすると、この点は良いという指摘だけ出てくる。助言やコメントは「ほめること」と考えているようで、改善にはつながらない。

グループ討議がうまくできない理由のひとつに、抽象の階段を意識できないという問題がある。生物という言葉を聴いたとしよう。そのとき各人の頭にはいろいろなことが思い浮かぶ。動物、植物という区分、哺乳類、爬虫類という区分を思い浮かべる人もいれば、犬、猫といった個別の動物を思い浮かべる人もいる。自分は生物という単語を、動物、植物のレベルで使っているのか、犬、猫のレベルで使っているのかをはっきりさせることが、「抽象の階段をそろえる」意味である。セミナーでの経験では、「生物とは」と質問するといろいろな答えが返ってくる。傑作は、「物理、化学」である。「火星」という答えもあった。犬、猫を思い浮かべる人と物理、化学を思い浮かべる人では、コミュニケーションはむずかしい。

この話をグループ討議の前にするのだが、「リーダーの役割は」というテーマでは、各人が別々のリーダー像のまま議論が進む。リーダーに必要なスキルはコミュニケーション力とするだけで、コミュニケーションとはどういうことを指すのかの意見交換はなされない。だから、キーワードの羅列に終わり、意味のある結論や役に立つ結論が出てこないのだ。普段、自分と取り巻く状況が同じ人とだけ話をしているので、抽象の階段をそろえることにあまり必要を感じていないためだと思われるが、これでは年の離れた人や専門の異なる人との意見交換はうまくいかない。

「リーダーの役割と、その役割を果たすのに必要なスキルは何か」という討議テーマの場合、リーダー像がばらばらだと必要なスキルがうまく整理できない。リーダーが何かを決めるためには指導力を発揮したり、議論をファシリテートしたりする必要があるからだ。ここで「何を決めるのか」という問いが出ると、答えがいろいろになる。このあたりまで議論がきて初めて、各人が思っているリーダー像に違いがあることに気づけばよいほうで、大部分のグループは、必要なのは決断力、コミュニケーション能力などの答えですませてしまう。何をコミュニケートするのかを明確にしないのでは議論する意味がない。

議論は、情報を共有化するため、よりよい結果をつくり出すために行なわれるのが普通である。そのため、なんのために（何を目的に）議論をするかの視点が、出てきた意見をまとめて結果とする際に当然、考慮されなければならない。ところが上記のグループ討議の場合、みなの意見を平等に扱わなければいけないという意識だけが働いて、実際に有効な意見かどうかは吟味されない。その結果、テーマである「リーダーの役割」はありとあらゆるところに及び、必要なスキルも多岐にわたる。そんなスーパーマンでなければリーダーになれないのか、そういう人に会ったことがあるのか、課長職としての自分はどうかなどには考えが及ばない。なんのために議論しているのかが、考慮されない。グループ討議をせよと言われたから議論したのであって、その結果が役に立つかどうかは気にしていないのだ。

戦略を策定するときに、まずメンバーの合意を得なければならないのは、「行動の必要性」である。

そのためには危機意識を共有し、現状のままだとどういう困ったことが生じるかについて共通のイメージをもたなければ行動は起こらない。進むべき方向としてはビジョンという形で決まっていたとしても、このままではそこにたどりつけないという危機感がなければ、予定の変更は起こりえない。

戦略の概要が決まったとしても、実行プロセスにはいろいろな意見がありうる。そのため、役割分担と、役割の困難度を理解することが欠かせない。戦略実行のために、だれがどの部分の責任を負うかを決めておかなければ、物事が進まないばかりか、だれかの負担だけが重いと、トラブルの原因となりかねない。環境条件の変化が速い場合は、どういうアラームが点灯したらシナリオの変更を検討するかなどについても、あらかじめ決めておかなければならない。

上記のどれについても、関係者と議論することは絶対に必要で、議論がうまくできなければ、方向は定まらないのだ。つまり、グループ討議が上手にできなければ、日本企業がこれまで得意としてきた創発型戦略を採用できないのである。

(2)　リーダーシップとは何をすることか

◆なぜリーダーシップ不在が問題なのか

日本の人材、特に最近のマネジャークラスにリーダーシップが欠けていると指摘した。だがなぜ、リーダーシップが不在だと問題なのだろうか。単に創発型戦略が採用しにくいだけなのか。いろいろな「なぜ」がありうるので、ここでこれまでの議論を整理してみよう。

グローバルな世界での競争は、①ビジネスモデルによる競争で、②複雑性を制御しなければならず、③ピンチもチャンスもあるというものである。ビジネスモデルとは、お客さんはだれか、お客さんに提供する価値は何かを選択し、競争戦略を考えることだが、ビジネスモデルも戦略も、考えただけで実行しなければ意味がない。実行には多くの場合、現状変化をともなうので、物事を変える際に必要な力、すなわちリーダーシップがビジネスモデルで競争する場合、どうしても必要である。複雑性を制御するためにプラットフォームと機能デバイスを区分するにも、チャンスをつかむためにも、リーダーシップは不可欠である。これが基本的な考え方だが、ではリーダーシップが必要になるのは、具体的にはどんな場合だろうか。

◆何かを変えるときに必要とされるもの

リーダーシップが必要なのは、環境の変化に対応するには現状を変えなければならないからであるが、上記①〜③の条件は、ビジネスモデルが外部環境の変化に素早く適応することを要求する。そのためには二兎を追う文化（グローバルな価値とローカルな価値の同時追求、競争優位性の活用型組織と探索型組織の併存など）と行軍速度の引き上げ（あと出しジャンケンの項で説明した「産業クラスターの活用」や軍事知識の項で言及した「結果重視の考課制度」などの導入）が必要と指摘した。

戦略の実行面に焦点を絞ると、事前に決まる戦略では、計画そのものにポイントがあるだけでなく、戦略の意図を伝えたり役割分担を明確にするなどの配慮が必要である。事後的に決まる戦略では、戦略眼のあるミドルの育成と、それらの人に裁量の自由を多めに与える仕掛けを工夫しなければならない。また、事前に決まる戦略であれ事後的に決まる戦略であれ、計画の修正は常に起こるので、迅速なリソースの組み替えは必要条件である。

以上の議論はリーダーシップを「変えるときに必要なもの」とみなしてのものだが、リーダーシップの概念は、もう少し複雑な顔をもっている。

次の文章が正しいか誤っているかを判定してみてほしい。

①リーダーシップは偉い人だけに必要なもので、普通の人には必要がない

②リーダーに向いた人は、生まれつきそのような才能に恵まれている

③リーダーにはカリスマ性が必要である

④リーダーは人格者でなければならない

⑤リーダーは明るく、何ごとにもポジティブであるべきだ

正解は「すべて誤っている」である。しかし一般的には、③～⑤については、正しいという回答の比率が高い。これは、リーダーには「先頭に立つ人」というイメージが強くあるためだ。しかしリーダーシップは、いわゆるリーダーと目される人だけに必要なものではない。だれにでも必要なものなのだが、そのように理解されていないので、マネジャークラスでもリーダーシップについて考えたことがなく、ぼんやりとしたイメージしかもっていない。その一方で、リーダーシップとは

こういうものだ、というはっきりした意見を有する人もいる。いわゆる偉い人や成功した人が自分の経験から導いた考え方で、間違ってはいないがリーダーシップの一面だけをとらえていることが多い。

本当のところは、リーダーシップは、いろいろなタイプがあるだけでなく、発揮する場面や発揮する際の環境なども影響する、複雑なコンセプトなのである。そこで、リーダーシップとは何かを理解するため、少しだけ理論面に触れてみたい。理論がわかれば、この本の主張のひとつである「自分に対してもリーダーシップを発揮すべし」が実行しやすくなるはずだ。

◆リーダーシップに関する基本的な二つの質問

リーダーシップの研究は、テーラーの科学的管理法やメイヨーの人間関係論と同様に、「効率に対する関心」から始まっている。リーダーシップ理論研究の基本のひとつであるミシガン大学を中心とする研究（一九四〇〜一九五〇年）では、「業績の良いチームと悪いチームはどこが違うのか」という質問の答えを見つけるには、リーダーとチーム業績の関係を調べればよいと考えた。これに対し、効率への関心は同じでもオハイオ州立大学を中心とするチームは、効率を上げるには「リーダーはどうあるべきか」を研究テーマとした。一九六三年にはリーダーの行動を測定する尺度となる質問票を完成し、その後のリーダーシップ研究の発展に貢献した。仮に前者の切り口をA型、後者をB型と呼ぶことにしよう。なお、ここでのリーダーシップ理論の説明は、神戸大学の金井壽宏教授の『リーダーシップ入門』による。

ミシガン大学のチームが発見したことは、一言で表わすと、好業績部門のリーダーの関心は従業員が中心で、仕事については細かいことを言わずに任せる。低業績部門のリーダーの関心は仕事中心で細かい指示を出す。仕事を達成するために「もっとがんばれ」と言われたときの部下の反応は、前者の場合は肯定的、後者の場合は否定的である、というものだ。

これは日本でもみられ、セミナーで「業績の良いチームと悪いチームのリーダーはどこが違うのか」と質問すると同様の答えが返ってくる。理解しやすい答えなので、その後の研究の手掛かりとなったが、この解釈に疑問が呈されるようになる。Ｆ・Ｅ・フィードラーは、リーダーが仕事についてがみがみ言うのは業績が悪いからで、業績が良ければ言わないのではないかと考え、状況とリーダーの関係を研究した論文を一九六七年に発表した。これをA型とは別種のC型と呼ぶことにすると、A型はC型を生んだので、これもA型の業績のひとつに数えられる。

A型自体も発展し、効率を上げるには組織の使命を明らかにしなければならないとする「ミッション型リーダーシップ」（A2）や、業績を上げるには時代に即したわかりやすいビジョン（大きな絵）を掲げ、進むべき方向を明らかにすることが大切と考える「ビジョナリーリーダーシップ」（A3）、に発展する。

一方のオハイオ州立大学の研究は、「リーダーはどんなことをしているか」に焦点を当てた。その結果、普通の人との違いを生み出す行動は、「構造づくり」と「配慮」だと結論づけた。「構造づくり」とは、リーダーの役割を明確に定義したうえで、フォロワーには何が期待されているかを理解してもらう作業であり、具体的には次のような行動である。

・メンバーに自分たちに何が期待されているのかを知らせる
・決まった手順があり、それに従ってほしいと伝える
・リーダーのやりたいこと、試したいアイデアを説明する
・メンバーに具体的課題を割り当て、仕事の日程を定める

また、「配慮」とは、フォロワーを励まし元気づける行動で、具体的には以下があげられる。

・気軽に話せるようにする
・この集団のメンバーでよかったと思えるような心配りをする
・メンバーをみな、自分と対等な人間として扱う
・変更があればあらかじめ知らせてあげる

リーダーの行動についての研究であるB型も、リーダーが構造づくりや配慮に努めても、それだけでは部下はリーダーを信用しない、チームの課題を解決することに貢献したという実績を積み重ねなければフォロワーの信頼は生まれないというE・P・ホランダーの信頼蓄積理論（一九七四年論文。B2）に発展する。これはリーダーに着目したもので、リーダーとフォロワーの関係について考えるB・J・コルダーのリーダーシップ帰属理論（一九七七年論文。B3）につながる。コルダーは、成功はリーダーのお蔭だとフォロワーが認めるためには、リーダーの行動が他の人と比べて際立っていなければならないと考えた。構造づくりと配慮だけでは不十分という意見だ。

リーダーシップの帰属理論をもう少し広い範囲からながめたのがサーバント・リーダーシップである。リーダーの行動が立派だと思われるのは、フォロワーという集団の利益のために尽力していると受けとめられた場合だという指摘である（R・グリーンリーフ。一九七七年論文）。まるで召使であるかのように努力するという意味でサーバント・リーダーシップと呼ばれるが、次項で説明する変革型の出現以降に、「先頭に立たないリーダーシップ」という意味で一層着目されることになるので、前述のA型、B型、C型とは別種に分類したい。

(3)　リーダーはあらゆる階層に必要

◆効率重視から変革推進へ

戦略論が日本との競争から見直されたように、リーダーシップ論も研究の対象を監督者的リーダーから、より経営にかかわる人へと対象を変える必要にせまられた。企業の競争力がテーマとなってきたためだ。戦略論では、ミンツバーグが「マネジャーは、計画学派が正しいと考えるようなやり方では仕事をしていない」と指摘した（一九七五年論文）。リーダーシップ理論では、リーダーとフォロワーの関係が、「優れた行動」に対して「信頼」が生まれるとか、「奉仕」が「立派」という評価を生むなどと説明されるようになる。しかしこれでは、なにやら物々交換か取引のようでおもしろくない、リーダーシップとはもう少し何か望ましいものではないか、という疑問が出てくる。これに答えたのがJ・M・バーンズである。バーンズは、リーダーの行為の見返りとしてフォロワーに協力してもらうのではなく、時代が求めている大きな変化をつくり出すために、フォロワーに働きかけるのがリーダーの仕事だと考えた（一九七八年論文）。大きく変えることに着目するリーダーシップ理論（変革型と呼ぶ）の先駆けである。

変革型リーダーシップ理論の中心になったのはJ・P・コッターである。上級マネジャーの行動に着目して、事業活動を進めるのに必要な課題（これをコッターは「アジェンダ」と呼ぶ）を設定し、その実行に必要な人的ネットワークの構築に努力していると指摘した（『ザ・ゼネラル・マネージャー』）。以降、「変えるときに必要なもの」としてのリーダーシップ研究が盛んになる。

変えることに着目すると、みえてくるものがいろいろある。たとえばリーダーシップとマネジメントは別物だということ。複雑な状況に対処するのがマネジメント、リーダーシップは変革をつくり出すのに必要な力である（"What Leaders Really DO"）。コッターのこの論文から二十五年以上経つにもかかわらず、セミナーでマネジャークラスにリーダーシップに関する議論をさせると、ほとんどの人がマネジメントに関することばかり議論する。リーダーシップは意識されていないのだ。もちろん、同じ人がマネジャーとして、マネジメントとリーダーシップ発揮の両方が求められるのは当然だが、ポストが高くなるとリーダーシップの発揮が要求される部分が増える。経営のトップともなれば、中長期的視点から事業を考え、今後どうしていくべきか、そのために何をすべきかなど「変えること」が仕事の大部分となる。上司がいつまでもマネジメントにこだわり、変えることに努力しないと、本人の成長をさまたげるだけでなく、部下の育成にもつながらない。日本の問題点のひとつである。

◆変革型リーダーシップと先頭に立たないリーダー

「リーダーシップは、何かを変えるときに必要なもの」という視点に立つリーダーシップ理論を変革型と呼ぶが、ではどのようにして変革型リーダーを育てるのか、そもそもリーダーは育てられるものなのだろうか。これに答えたのがノール・Ｍ・ティシーとイーライ・コーエンである。ティシーはＧＥのジャック・ウェルチに招かれクロトンビルの研修所で二年間（一九八六〜一九八七年）、リーダーの育成を実践したのちにミシガン大学に戻り、「リーダーがリーダーを育成する」という教育的見地からリーダーシップ理論を発表し、それを本にまとめた（『リーダーシップ・エンジン』）。勝つ企業には組織のあらゆる階層にリーダーが存在し、彼らが次のリーダーを育てていく仕組みがある。成功するリーダーは自分の過去の経験から学ぶ（一皮むける経験をする）。優れたリーダーはアイデア、価値観、エネルギー、大胆な意思決定力をもつ。リーダーはつくられる（だれもが潜在力をもっている）。これらがその答えであった。

あらゆる階層にリーダーがいるとは、新入社員のなかにもリーダーがいるという考え方になる。たとえば自分の役割だけでなく率先して前工程、後工程の仕事について学ぶ人がいれば、ほかの人も見習うので、新入社員全体の能力レベルの向上に役立つ。率先して新人同士のネットワークをつくる努力をする人がいれば、早期退職は減るかもしれない。

何かを変えるためには、方向を示す大きな絵（ビジョン）が必要だが、それだけでは不十分で、その絵がいかに素晴らしいか、その方向に進まないとどんな困ったことが起こるかなど、ビジョンについて大勢の人に説明する伝道者、語り部が必要だとわかってくる。しかし、大きな絵があり語り部がいても、実際にはなかなか変化は起こらない。実行をサポートする人たちがいなければならないからだ。フォロワーを協力する気にさせるサーバント・リーダー、ネットワーク・リーダーやファシリテーターと呼ばれる、指揮命令型とは異なるタイプのリーダーたちである。ちなみに、ネットワーク・リーダーとは、組織内を広範囲にわたって動き回り、同じような考えや感性の人たちのネットワークに参加して、そのネットワークを拡充する触媒の役割を果たす人であり、ファシリテーターとは、中立的な立場で、チームのプロセスを管理しチームワークを引き出し、そのチームの成果が最大化するよう支援する人である。

サーバント・リーダーやネットワーク・リーダーは、別な表現をすれば、先頭に立たずにチームをリードする人である。チームビルディングの技術をもつリーダーといってよい。先頭に立たないリーダーが必要な理由は、リーダーが答えをもっていないことにある。いろいろな人の知恵を集めなければ、解決策が見つからない問題が増えたからだ。このテーマについては、前述のC型のリーダーシップ理論とあわせ第5章で詳しく検討する。リーダーシップの発揮の仕方に関係が強いからであり、「自分で育つためには自分に発揮するリーダーシップが大切」だからである。

第４章　「一人親方」に自分で育つ

外部コンテキストと内部コンテキストをもとに、一人親方に自分で育つ戦略を立案する。

戦略目標を明確にし、達成手順と戦略の成否判定基準を考える。

1　戦略目標を設定する

(1)　「グローバル競争時代の人材」をめざす

◆グローバル人材の人材像と育て方

グローバル競争の時代にどのような人材が求められるかについて、日本では何か特別な能力が必要だとする意見が強い。いわく、語学力、異文化コミュニケーション、ＭＢＡ、ＭＯＴ（マネジメント・オブ・テクノロジー：技術経営）などなど。語学力を重視して会社の公用語を英語にする企業も出てきている。またグローバル人材というと、外資系企業で活躍する人、海外勤務経験のあるベテラン、留学経験者などがその典型とみなされている。しかしそういう人は、すぐには育成できそうにない。海外での採用や留学生の採用に努力する企業も出てきてはいるが、外国人を上手に活用する方法が確立されているとはいえず、その効果は明らかではない。既存の人材開発プログラムをMBA的なものに改定する動きもみられるが、「MBAを重視した結果が、サブプライム問題に端を発する経済危機ではないか」という否定的な声も聞こえてくる。

海外勤務経験者にグローバル人材に必要な能力について意見を求めると、現地に溶け込む柔軟性や幅広い知識、人材マネジメント力などがあがるが、それらを全部備えるのは、とても優秀な人以外はムリなのでは、と感じてしまう。外資系企業の事例を参考にしたいが、海外事業の規模も企業文化も異なるので同じようにはできないのではないか。グローバル経営、グローバル人材というわりには、グローバルに活躍できる人の人材像とその育て方は、はっきりしていないのだ。グローバル人材とは、やはり特別な人なのだろうか。

特別な人材を増やせばグローバルな競争に対応できるという考え方には賛成できない。グローバルな競争が普通なことになったのに、特別な人で対応するというのでは、競争に勝てそうにないからだ。普通のことには、普通の人で対応できなければおかしい。そもそも、グローバル化と呼ばれる現象の大部分が、普通の人では対応がむずかしいのであれば、グローバルな競争がこんなに普通になるはずがない。もう一度、外部コンテキストの示唆するところを吟味してみるべきである。

グローバル人材が特別な人になってしまう理由は、グローバル化イコール海外でのビジネスと短絡してしまうからである。そこで、一般的に企業にとって必要な人材はどのようにして決まるのかを、基本に戻って考えてみよう。

◆ビジネスモデルと事業の発展段階で異なる人材像

企業はビジネスモデルを実行するのに必要な人材を集める。ビジネスモデルから考えると、必要とする人材は製造業と小売業では異なり、同じ小売業でもデパートとスーパーでは異なる。また同じスーパーでも、一定地域での店舗数を増やして優位に立つドミナント戦略をとる会社と、ショッピングセンターの運営で競争優位を狙う会社では異なる。それはある意味、当然のことである。お客さんも異なれば、お客さんに提供する価値も競争の勝ち方も異なるからだ。

必要な人材の違いを生み出すもう一つの要因が、事業の発展段階である。発展段階とは、新しく生まれたばかりの産業か、すでに成熟している産業か、中小企業か、中堅企業か、それとも大企業か、という区分である。中小企業であれば、幅広くなんでもこなせる人材が必要であり、大企業では専門性が高い人材が求められる。

必要な人材がビジネスモデルと事業の発展段階によって決まるという原則は、海外事業も同じだが、海外事業の場に身をおいたことがないと直面する課題について具体的なイメージをもちにくいために、そうは受けとめられない。

企業が海外に進出する場合、大企業であっても初めから大きなオペレーションを手掛けるとは限らない。製品の輸出から始まり、現地に販売法人を設立し、工場を建ててと、どちらかというと小さい規模から始め、様子をみながら事業を拡大するという方針をとることが多いのではないか。このときに海外で必要とされるのは、中堅・中小企業を運営できるような人材である。あるいは品質管理の仕掛けを構築したり、就業規則や賃金規則を一から策定できる人材である。そのような規則を改めて一からつくれといわれても、大企業でははるか昔に整えられてしまっているので、担当できる人材は限られている。たとえば就業規則をつくるという専門性は、その必要がないので維持されなくなったのだ。必要な人材を決める要因は、「仕事をするのに必要な専門性」なのである。

このことは、海外で活躍するサッカーや野球の選手を思い浮かべればわかりやすい。むろん語学力はあったほうがよいが、サッカーや野球の技術が一流でなければ採用してもらえない。仕事をするうえでは専門性が主で、語学力は従である。海外であろうが国内であろうが、必要とされる仕事に見合う専門性が問題なのであり、そのことを検討の中心に据えずに、海外で仕事をするうえで必要な能力を考えても正しい答えに到達できるとは思えない。海外事業についても、もっと、ビジネスモデルと事業の発展段階を考慮に入れるべきである。

◆遠くが見通せる高台を見つける

グローバル競争時代に必要な人材について考えるために、海外事業の発展段階と必要な人材の関係を、製造業の事例でもう少し掘り下げてみたい。

グローバル競争の時代とは、一言でいえば不確実性が高い時代である。だが不確実性というだけでは、その中身がはっきりしない。不確実性の中身を整理する必要がある。このとき役に立つのが、第3章で説明した、進むべき方向がわからないときに採用する、敵がいそうな藪にまず撃ってみる

「撃て、狙え」戦略である。ただしこの戦略の問題点は、敵のいそうな藪が、そもそもわからないときはどうするか、である。

人は、進むべき方向がわからないときにどうするか。答えは、「遠くが見渡せそうな高台に登ってみる」である。そしてそこから眺めてみて、進むべき方向を決める。だから敵がいそうな藪を見つけるには、どこか高いところに登ってみればよい。ただし高台の選び方が悪いと遠くがみえず、もう一度別な高台に登り直さなければならない。高台の選び方に工夫が必要である。

以下は私が経営者として事業戦略を考える際に用いて、効果が認められた方法である。

図表2は、高台の見つけ方のマトリックスである。縦軸に技術（広義）、横軸に市場（広義）をとる。そして縦軸の上を「未知」、下を「既知」とし、横軸は左が「既知」、右が「未知」である。左下Ａ、右下Ｂ、左上Ｄ、右上Ｃとすると、Ａは、「知っている技術を知っている市場」に適用して事業を行なっている場合で、普通の会社では事業の六〇％以上をこの分野が占める。しかしそれでは発展性がないので、「知っている技術を新しい市場」に適用するＢか、「新しい技術を知っている市場」に適用するＤのどちらかで新製品の投入や新規事業を実行する。その結果、比較的新しい事業がＤで全事業の一五％、Ｂで一五％を占めるといった形で、全体の約三〇％程度になることが多い。Ｃは新分野に新技術で挑戦するのでリスクは大きいが、一〇％程度は中長期的視点から実行すべきと考えられている。こういうチャレンジングなことも試みなければ、事業に元気は出ない。

登るべき高台を見つけるためには、上記の四つの分野でテストプロジェクトを実行してみればよ

図表2●高台の見つけ方

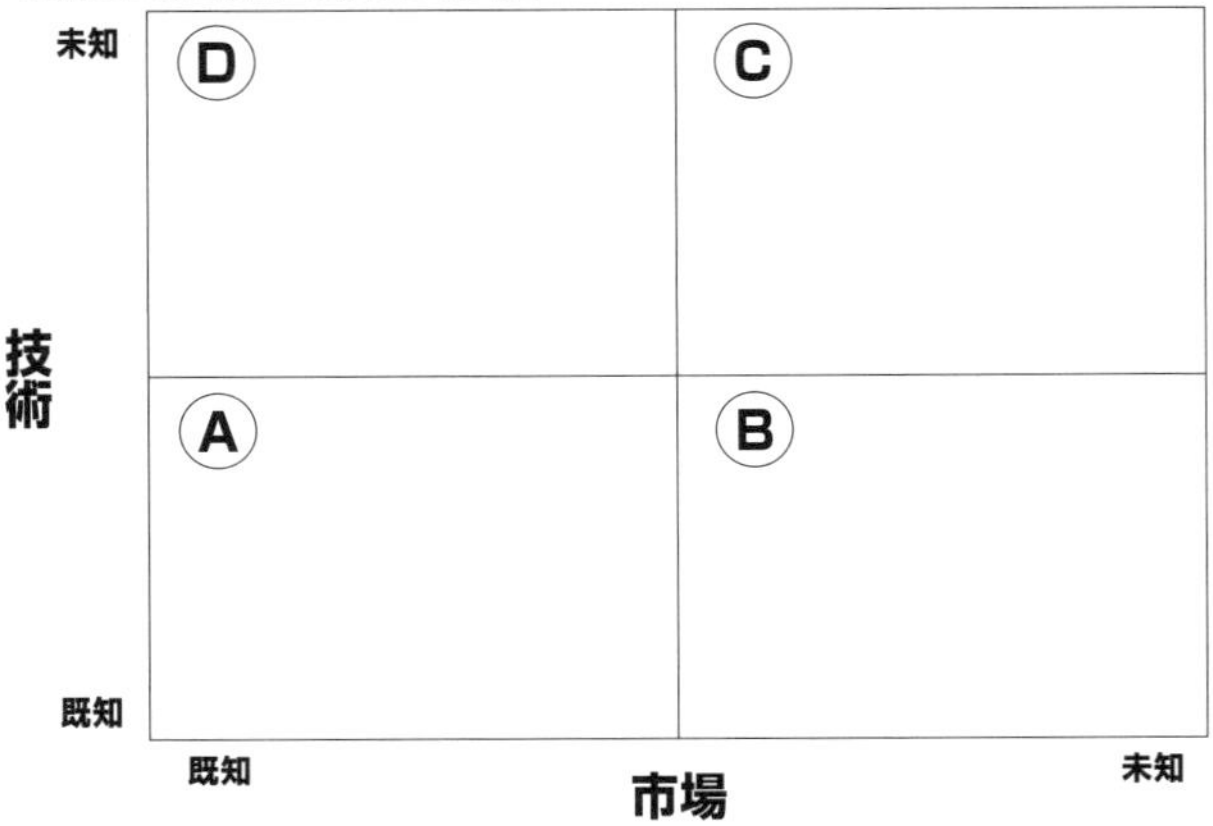

い。そうすれば、どのような技術を深掘りすればよいか、あるいは新たに獲得すればよいかがみえてくる。

◆不確実性の4象限に当てはめてみる

不確実性の高い問題に取り組むにも、「撃て、狙え」戦略が適している。そこでこの方法を応用して、グローバル競争時代の不確実性の程度と、必要な人材の決定要因のひとつである事業の発展段階との関係を考えてみよう。

高台の見つけ方マトリックスを用いて考えてみよう。図表3では縦軸をマネジメント能力（図表2の技術に相当）とし、上にいくほど複雑性が増すと考える。したがって「既知」は日本型マネジメント、「未知」は海外事業が必要とする複雑性が増加したマネジメントとなる。横軸は法律や商習慣、政府の対応、競争相手などのビジネス環境（図表2の市場に相当）とする。右にいくほど不

図表3●不確実性の4象限

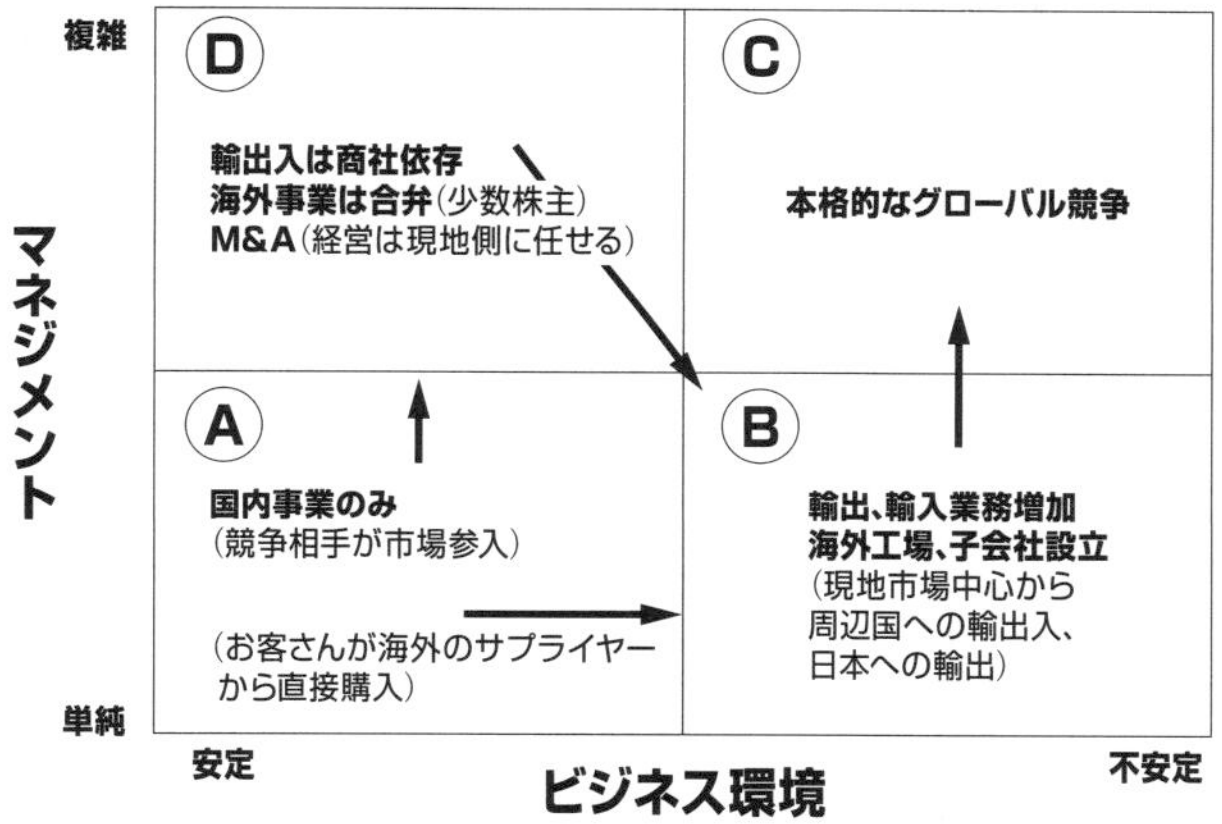

安定性は増加すると考える。「既知」は自国や事業経験が十分にある地域のビジネス環境で、「未知」は今後進出する地域のビジネス環境。事業の対象国が増えるに従って不安定性の度合いは増加する。

〔A〕国内中心に事業を展開

求められるマネジメントは比較的単純でビジネス環境も安定的と考えられる。しかし競争相手が日本に進出するようになると、ビジネス環境は不安定化の方向に動く。消費者が海外からインターネットで直接商品を購入したり、企業が部品・材料を海外から調達するようになることでも、ビジネス環境は不安定な方向に動く。中国やオーストラリアからのお客さんが増えれば、言葉や相手の商習慣への対応をせまられる。したがって国内中心で事業をする事業であってもグローバル化の影響は避けられず、年々その影響度は増している。

必要な人材は、日本で仕事ができるだけでなく、変化に対応して新しいスキルを獲得する意欲のある人となる。

〔D〕海外事業に踏み出した企業

日本に軸足をおきながら海外に進出しようとする場合、輸出入業務は商社に任せる形や、海外に提携先を見つけ合弁で事業を展開するという形態をとりうる。M&Aで現地の企業を買収しても経営は現地側に任せるのであれば、マネジメントの複雑性は増加するが、ビジネス環境を勉強しながら事業を進められる。だが、より本格的に海外事業を展開しようと思えば、他人任せでない方法が必要になってくる。

海外事業については、現地のノウハウ不足を補うために合弁やM&Aをしたので、必要な人材はある意味、新規事業の立ち上げと同様な状況にある。直面する問題は、パートナーとの円滑なコミュニケーションであり、人材は、自社内各部門に対して海外事業への理解を促すこと（内なる国際化）に貢献できる人が求められる。

〔B〕海外事業に自社で取り組み始めた企業

海外での事業は輸出を代替する水準の企業（グループ1）と海外事業が本格化しつつある企業（グループ2）に分かれる。

グループ1は、日本で生産した商品を海外に輸出したり、原材料や部品を海外から調達するようになった企業で、依然として日本に軸足があるので日本流のマネジメントでよい。一方で販売拠点や生産拠点が海外に移転したり、製品の大半が海外市場向けとなるなら、マネジメントはより複雑になり、環境も不安定化する。直面する課題は会社の立ち上げに関することで、いわゆる中小企業問題（賃金制度や就業規則、旅費規定などの整備、労働組合の問題など）が中心。

必要な人材は、幅広い知識技能をもち経営感覚のある人（語学力や現地事情は現地の人に補ってもらうことで対応）である。

グループ２は、海外事業が本格化し、現地の市場向けだけでなく周辺の国にも輸出するなど、自立できるようになった企業が想定される。高級品の製造は日本、普及品は現地という棲み分けや、製造部門はすべて海外に移し日本の工場は開発センター化するケースなども出てくる。現地オペレーションの独自性が増すとともに、日本での事業との整合性が次第に問題となりマネジメントの複雑性は一層増加する。事業環境は日本と進出先国、およびその周辺国で不安定性は増すが、事業の重心が日本にある場合はまだ安定的である。

直面する課題は、要員不足と現地人幹部の育成である。必要な人材は、現地人マネジャーと渡りあえる専門性と語学力をもつ人で、海外勤務経験があるほうが望ましい。

〔C〕海外事業が広がり、地域本社を欧米とアジアのそれぞれにおくようなグローバル企業

このレベルになると国内外の区別が失われ、海外勤務は普通のことになる。日本も地域本社のひとつにすぎないケースも出てくる。

直面する問題は、外々問題といわれるもので、たとえばアメリカ人マネジャーとフランス人マネ

ジャーの間の文化の違いによるコンフリクトなどが典型的な例としてあげられる。日本文化が介在しないで起こる問題である。各地に散らばる組織の再編も課題となるほか、日本の家電、半導体産業などでみられたように撤退も視野に入ってくる。ただし、出身国の文化や考え方をまったく失ってしまうことはないので、完全なグローバル企業というのは理論上でしか存在しない。

必要な人材は、それぞれの職能分野の専門家で、多様な文化的バックグラウンドがある人と一緒に仕事ができる柔軟性が求められる。

◆国内事業だからと安心はできない

上記事例から確信できるのは、必要な人材はやはり、ビジネスモデルと事業の発展段階で決まるということだ。もっとも、この事例は海外事業についての不確実性のレベルを調べたものだが、国内事業についても、多くの企業はCの条件である、マネジメント複雑・環境不安定に適合する方向に動くことが求められる。

第2章で説明したように、競争相手とサプライヤーが世界中にいる以上、競争に勝つためには複雑性の制御は不可欠であり、マネジメントは複雑にならざるをえない。たとえ国内でしか事業をしていなくても、従業員が正規従業員だけでなく、派遣、パート、アルバイトと多様になればマネジメントは複雑にならざるをえない。海外からのお客さんに対応するために外国人を雇えばなおさらである。知っている市場に新しい技術を導入しようとすれば技術開発のための投資が必要になる。知っている技術を新しい市場に開発プロセスの管理も必要になりマネジメントの複雑性は高まる。知っている技術を新しい市場に投入しようとしても、市場の性質を理解するまでは失敗が重なりビジネスは不安定化する。

Cはもっとも不確実性が高いのでリスクも大きいが、競争相手も限られることから、うまくいった場合の成果も大きい。種々のイノベーションの影響で優勝劣敗が早く決まる、ピンチもチャンスもある不安定な環境は、日本にいても避けて通れないのだ。

今日、民生部品が軍用部品に採用されているように、これからは量産部品が特注部品を代替するケースが増加する。システムを一から設計するのではなく、汎用のモジュールを組み合わせてつくることも普通になってきた。従来と同じやり方で事業を続けることはできない。不確実性を考えた場合、C象限が企業にもっとも普通な状態になると考えて対応策を考えるべきであろう。

(2)　求められる人材の要件

グローバル競争時代に求められる人材の要件を考えるために、①外部コンテキストが示唆すること、②内部コンテキストが示唆すること、および③内外コンテキストを照らし合わせたうえで選択される可能性の高い戦略が示唆すること、の三つを改めて整理してみよう。

まずは外部コンテキストである。ネットビジネスの成長は競争の速度を速め、従来型の企業との間で人材の奪いあい現象を生んだ。ネット企業が従来業務の専門家を求め、従来型企業はネットビジネスのわかる人材を求めたので、職能別の専門家ニーズが高まった。また、ネットバブルの崩壊以降、「奥行きの深い在庫」に関心が高まり、従来型企業も専門店化とネットワークの構築という対抗策を採用し始めた。企業自身の専門性と企業間のネットワーク構築力が問われるという状況に対応できる人材が必要になってきたと考えられる。

マーケティングの分野では、製品の市場シェアの争いから、一人のお客さんが買う物のなかで、自社の製品のシェアはどのくらいかを争う顧客シェアの競争に移り、さらにはお客さんと相談しながら商品やサービスをつくる時代へと変化した。相談されるためには「専門性が高いこと、相手の状況をよく知っていること、相手から信頼されていること」の三つの条件が必要であり、成熟した市場では、相談されることの重要性が高まった。顧客との距離が近い人材の需要も増した。

グローバル競争の時代は、複雑性の制御のためにさまざまな努力が企業に求められる時代である。プラットフォームと機能デバイスの組み合わせで闘おうとすると、共通なものと特定の働きをするものとを区分する能力が必要になる。プラットフォームは自分でつくるが、機能デバイスは他の人のほうが得意なものは他の人から購入する。当分の間は複雑性に対応せず、状況がわかってから対応しようとするなら、変化に素早く適応できる能力が必要になる。そこで、クラスターと呼ばれる産業集積を利用し、他人の力を借りて即応性を高める方式も活用される。また、複雑性に対応するのではなく、自分の方式で押し通すというやり方もある。そのためには、自社が大切だと思う価値にこだわることが重要である。

◆専門性、自律性、柔軟性に優れた人材

以上が示唆することは、会社も個人も自分が得意なこと、自分が大切だと思うことをはっきり認

識することの重要性である。一方で、他の人の協力を得るには、自分の好みに固執するのではなく、グローバルな価値観とローカルな価値観、個人生活と会社生活のように、時に相反する面があるようなものを同時に追求できる柔軟性、異なったものを受け入れる能力も必要性とされる。

さらにグローバル競争時代は、競争の範囲が広がりピンチも増えたがチャンスも豊富になった。このようななかでは、自分の特徴は何かを正確に認識し、自己の特徴点で闘わなければならない。そのためには、自分の所属する文化の特徴、得意分野、ビジネス経験などを十分に理解することが求められる。

つまり、グローバル競争時代に企業が必要とする人材の要件は、専門性、ネットワーク構築能力、お客さんからの信頼、しっかりした自己認識などになる。

内部コンテキストを整理すると次の三つになる。

第一に、日本企業は創発型、経営資源型の戦略を採用するケースが多い。前者は戦略を発見できる能力をもつミドルの存在が不可欠であり、後者は組織の慣性をよく理解した経営の専門職がいないと変化に対応しにくい。変化に対応するには、お客さんの声を聴きすぎず、自分で進むべき方向を定められる自律性が必要になる。

第二に、契約概念の不足である。言語や商習慣が異なる国の人々との取引が普通な世界では、リスクを回避するために文書化された契約書の作成が必要になる。この際、契約は対等の立場にある人の間で行なわれる行為だという認識が欠かせない。だが情報に関しては、売り手と買い手の間で対等性がなかなか成立しない。対等性を維持するには、条件が気に入らなければ別の相手と交渉するといった選択ができる力がいる。個人が雇用契約などで組織と対等性を維持しようとすれば、組織に寄りかからない自律性と専門能力が必要である。

第三に、企業のもつ資源である人材にリーダーシップが不足している。戦略の実行のためにも、変化に対応するためにも議論をして方向を決めていかなければならないが今日、課長クラスでも人と議論することが上手でないという現象が起きている。空気に流されずに自分の意見を表明できる専門性と自律性が求められる。

◆「明日からサッカー」現象は突然起きる

内外コンテキストは、グローバル競争時代がマネジメントの複雑性と環境の不安定性という二つの視点からみて「不確実性が高い」と明示している。不確実性が高い場合、計画は当然、変更されることを前提につくられる。事前に立てた計画の前提条件が変化してしまうからだ。そのため、事後的に決まる戦略が採用される可能性が高くなる。なかでも、「撃て、狙え」型がもっとも適している。しかし実行は簡単ではない。なぜなら「まず、敵がいそうなところを撃ってみる」といっても、「敵がいそうなところ」を見つけることがむずかしい。本当に不確実性が高いと、「敵のいそうなところ」もわからないのだ。むやみやたらに撃つのは時間とエネルギーの浪費である。研究開発や市場開拓でいえば、「どういうことがわかれば次に進むべき方向が決められるか」にあたる。まずは遠くが見通せる高台を見つけるのが最初の課題である。

高台に登って遠くを眺めたら、わかることが二つある。一つは進むべき方向、もう一つが競争相手との位置関係（距離）である。進むべき方向がわかったら、その方向に進むための装備をどうするかが課題になる。前方に大きな川があれば、川を渡るための道具が必要になり、砂漠があれば飲み水を準備しなければならない。装備とは自分のもつ技術や人材などの資源であり、組み換えが必要になることもある。この組み換えは競争相手との位置関係によって決まる。

山の上からみて競争相手の位置がわかったら、それに応じて対策を考えることができる。「Make or Buy」と呼ばれる対応策である。競争相手をリードしていて、追いつかれるまでに時間の余裕があれば、必要な技術を自分で開発し、必要な人材も自分で育てる。そのほうが副産物も多く競争力の強化につながるからだ。これがMakeである。一方、競争相手がずっと先に進んでいるなら、急いで追いつかなければならない。時間を優先して、他社から技術を買い、人材も他社から引き抜くことになるので、Buyである。競争相手との位置関係でとるべき施策は変わってくる。

進むべき方向はある日、突然わかる。見晴らしのよい高台に到着したとたん、はっきりする。そうなると、いままで野球をしていたのに、明日からサッカーという現象が起こる。

高校の野球部が甲子園をめざして毎日練習していたのにある日、監督が「おーいみんな、明日からはサッカーで日本一をめざすぞ」と言ったらどうなるか。「そんな馬鹿な」と大混乱になることは間違いない。ところが企業はしばしば、これに近い行動をとる。不確実性が高い環境では、「明日からサッカー」が正しいのだ。

会社が、明日からはサッカーと言った場合、従業員の選択肢は二つしかない。他所《よそ》のチームに移って野球を続けるか、サッカーに転向するか。ほかのチームで野球の続けられる人は、一定以上の実力の持ち主に限られる。そうでなければ採用されない。サッカーに転向する場合は、当面の職場は確保できるが、レギュラーにはなれないかもしれない。会社はサッカーに転向するために有力選手をほかのチームから連れてくるからだ。

こういう状況をうまく切り抜けるには、従業員は普段から専門性を高める努力をするか、体力や幅広い知識を身につけるなどの努力が必要になる。企業サイドからみれば、「明日からサッカー」と言ったとき、「野球をやる」と全員に退職されても困るが、全員が「サッカーに転向」でも困る。自社以外でも役に立つような高い実力をもった従業員がいなかったと考えられるからだ。それぞれの従業員が普段から自分のキャリアについて考えていて、自分の意見で前向きに方向の選択ができるのが、いちばん好ましい。

会社は突然方向を変えたが、それは従業員を裏切ったわけではなく、生き残るための合理的な選択をした結果である。各人の選択が本人の意向にもとづくはっきりしたものであれば、野球を続けたい人にはほかのチームを紹介し、サッカーに転向する人には初歩からサッカーを教えるという職種転換教育もできる。

問題は仕事に関する自分の意志がはっきりせず、成り行きでサッカーをすることになった人である。「自分の希望する仕事ではない」と感じているなら、不幸感が抜けず、積極的に仕事にも取り組めない。それでは会社の要望に応えられず、自身の成長も期待できない。不確実性が高い世界では、方向変更は普通の出来事である。組織によりかかっているだけで、専門性や自律性が乏しい従業員は、企業からは求められていない。

(3)「自分で育つ」の実現

◆戦略目標は「自己実現的予言」

戦略は、むずかしくて解決に時間のかかる問題に取り組むときに必要になる。戦略目標は遠くの丘の上にある旗で、戦略はそこに到達するための道筋、とプロローグで表現した。戦略は軍事から生まれたことでも明らかなように、実際に役に立つ、実質的なものでなければならない。机上の空論では困るのだ。そうならないよう外部コンテキスト、内部コンテキストを丁寧に点検するのが基本である。したがって遠くの旗は願望であってはならない。永遠に遠くの旗をめざしてがんばるというのではおかしい。

すなわち戦略目標は達成されるものでなければならない。実現できなければ、戦略は失敗だったのだ。そういう意味で戦略目標とは、将来達成することを自分で予言したものといえる。それゆえ、単なる予言ではなく実現する予言でなければならず、予言が内包する「本当にそうなるのか」という疑問に答えるのに十分な論拠をもっていなければならない。このような視点で内外コンテキストや戦略が示唆することを眺めてみると、どうなるだろうか。

戦略目標は、「グローバル競争の時代に必要な人材になる」だが、これでは漠然としすぎていて目標になりにくい。本章の冒頭で「特別な人ではなく普通の人」について触れ、必要な人材はビジネスモデルと事業の発展段階によって決まるという一般的なルールで選ばれるとしたが、これは必要な人材が従来どおりの大枠にもとづき決まるといっているにすぎない。戦略目標の、より具体的な内容は、内外コンテキストが示唆するものである。

外部コンテキストは、専門性の重要性を示唆している。専門性が低くてはネットワークを組もうという相手は出てこない、お客さんも相談にこない。すべてを他の人と相談して決めるのであれば、「あなたに相談しても仕方がない。あなたが相談する人と相談したい」となってしまう。即応性も同様で、ほかの人と相談していては素早く対応できない。海外事業でいちいち本社の了解を求めていては、仕事は進まない。大枠は事前に相談しておき、細部は自分で決められる自律性が必要である。その際、決定したことに責任をとる姿勢は当然、求められる。専門性に対する認識は、一方で自分が知らないことは何か、自分が得意なことは何かという認識につながっている。この認識があれば、他の専門家の意見を尊重でき協力も依頼できる。

内部コンテキストが示唆することは、経営者的センスである。ミドルとして経験したことから進むべき方向を見出す能力や、お客さんの意見に耳を傾けるが聴きすぎないという自律性、情報の共有化のために議論を活用し議論を通して方向を見出していく能力。これらは経営者には必須である。契約概念もプロフェッショナルの基本といえる。売り手と買い手は対等であり、売り物である自分の専門能力に対する買い手の評価が自分の価値に見合わないと思うなら、別な買い手を探すことができなければならない。組織によりかからず、組織を活用するのがプロ人材である。プロのスポーツ選手が自分で交渉し報酬を決めているように、組織内にあってもそういう気構えは必要である。

グローバル競争時代に採用される可能性が高いのは創発型戦略だが、この戦略が採用されると、Make or Buy の選択が生まれ、明日からサッカーという現象が発生する。その場合、自分のキャリアについての考え方がしっかりしていないとうろうろすることになる。もともと、ビジネスモデルで闘う世界では、雇用される能力が重要になってきているのでキャリアについて考えることが求められている。別な言葉でいえば、自分は何がしたいか、専門は何かを考え、自律的に行動せよと要求されているのだ。

◆一人親方がいればグローバル競争時代に対処できる？

以上からキーワードを取り出すと専門性、自律性、信頼、自己責任、経営センス、契約概念などになる。ここで改めて、プロローグの旭山動物園の話を思い出してほしい。上記はすべて、経営者でも従業員でもあると表現される self-employed の特徴である。自分で決め自分で実行する人、つまり考える人と実行する人が同じである一人親方と重なる。そういう人が組織内で必要とされているのである。

自己実現的予言は、「本当にそうなるのか」という疑問に答える材料をもっていなければならないと前述した。これに答えなければならない。質問は、具体的には「一人親方がたくさんいれば、グローバル競争時代にうまく対処できるのか」になるが、答えはイエスである。

過去の日本を振り返ってみると、一九八〇年代はどこの会社にも組織内一人親方とみなされる、ばりばり仕事をする人たちがいた。九〇年代に入り、こういう人たちが役員クラスになり課長クラスと仕事のうえで接触すると、とても頼りなく意欲不足にみえる。その結果、人事教育部門に批判的な意見をもつようになる。「どういう採用をしているのだ」「研修のような畳の上の水練ではなく、実践でもっと鍛えろ」などである。

この批判は、半分当たっていて、半分間違っている。頼りないという観察は正しく、実践で鍛えろは間違っている。役員クラスが第一線であった時代は高度成長期で、組織は拡大し新しい仕事や実力以上の仕事が次々と上から降ってくる時代であった。国内での成功を足場に海外進出も盛んになり、東南アジアに工場をつくれとか営業拠点を設けよなど、国外での仕事も増えた。特段の育成策を工夫しなくても彼らは仕事によって鍛えられ、自然に成長した。

しかし、そういう時代が過ぎると組織の成長は止まり、チャレンジングな仕事にありつく機会は減少する。実践で鍛えたくても、その機会が減少したのだ。それゆえ、自然に任せるのではなくローテーションや後継者育成計画などを通じて意図的に人を育てる工夫が必要になったのだが、その点に気がつくのが遅れ、日本では九〇年代には特段の対策がとられなかった。

◆なぜ欧米で人材開発投資が急増したのか

これに対して欧米では九〇年代に、日本との競争を通して学んだことを活用し始める。経験曲線、

QC活動、カンバン方式、系列などの事例がよく指摘されるが、人材開発についても学んでいる。一九九四年三月に日米構造協議の一環として、双方の官民労の代表が出席して人材開発に関するシンポジウム（US-Japan symposium on human resource development）が開催され、私も民間の代表として参加したが、そのときの双方の主張を比較してみると、それがよくわかる。

日本側がアメリカについて「簡単に人員削減をせずに職種転換教育や公的・私的教育投資をもっとするべき」とした（教育投資の金額は統計上、日本がアメリカの十倍だった）のに対し、アメリカは「教育投資金額の差は、training の定義の違いと雇用制度の違いによるもので、アメリカは給与に含まれる部分が多いためだ。日本のほうが多額なのは認めるが、差は二〜三倍ではないか。しかし今後、技術革新を通じて企業の淘汰が進むので、日本がいつまでも長期雇用制を続けられるとは思えない。アメリカ型に近づくのではないか。人に配慮する姿勢（concerned management）は学びたい」と答えている。その後、アメリカでは、war for talent と呼ばれるほど人材の流動性が高まり、優秀な人材を確保するには給与だけでなく、「ここにいれば自分の能力を伸ばす機会に恵まれる」と感じられることが重要という認識が広がった。そのため企業文化、仕事、豊富な教育メニューなどが大切になり人材開発投資金額は急増し、二〇〇〇年代に入ると日米の教育投資格差は逆転する。

日本はその後、失われた二十年といわれる低迷期に入り、教育投資金額は減少、むずかしい仕事が次々と降ってくるという状況もなくなり、組織内一人親方が自然に育つ条件は失われてしまった。

◆人材開発のポイントは、「自分で育つ」

だが、日本が有利な点も出てきている。現在の日本が直面している問題は、少子高齢化、長期のデフレ、大災害対策などだが、そのどれにも先進諸国はいずれぶつかるだろう。日本はそれらを先駆けて経験しているのである。グローバル人材の問題もその例外ではない。グローバルに活躍できる人材というと、これまでは欧米諸国のほうが豊富だと考えられてきた。しかしそれは、成長の中心が欧米や日本だったときの話である。アジアが成長の中心となった現在、アジアを知っている人材の厚みは日本がいちばん多いのではないか。グローバル人材の育成というテーマでも先頭に立ちえる。一九八〇年代とは環境が異なるので自然に人材が育つことはないが、工夫次第である。

これまで、日本は何か新しいことをする場合、外国にその見本を探すという行動をとることが多かった。それは、先頭を走っていない場合は有効だが、自分が先頭に立ったら参考にできるだれかはいないので、自分で考えるしかない。マネジメントが複雑で取り巻く環境が不安定という場合には、自律的に行動する以外にない。そのときの手掛かりは過去の経験である。過去の経験を振り返り、経験時の状況と現在の違いを勘案したうえで教訓を引き出し、活用する以外によい方法はない。日本が参考にすべきモデルは日本の経験のなかに埋まっているのだ。

一九八〇年代を振り返って気がつくのは、各人が降りかかる仕事に夢中で対応しているうちに、自然と一人親方に自分で育ったということだ。考えてみれば自律性は手取り足取りされて育つものではない。自分で考え試行錯誤するうちに身についてくる。現在は、八〇年代とは経済成長度が異なり新しい仕事やむずかしい仕事が次々と降ってくることはない。そのため、ローテーションなどで意図的にそのような状況をつくらなければならないが、「自分で育つ」がポイントとなる点は同様である。「自分で育つ」を支援する工夫が欠かせない。

2　戦略目標を具体化する

(1)　イメージできない目標は達成できない

アメリカ人の友人に、大学で心理学を教えている教授がいる。あるとき、「先生、最近はどんなことを教えているのですか」とたずねてみた。「最新の心理学では…」という答えが返ってくるものと思っていたが、答えは予想外の、「大リーグで野球のコーチをしている」であった。彼がコーチを務めるのはニューヨーク・メッツで、たとえば投手が外角いっぱいにストレートを決められるようにするのだという。

大リーグはさすがに進んでいて、フィジカルコーチとメンタルコーチの両方がいるそうだ。先生の説明によると、九回裏二アウト満塁、三対二で一点のリード、カウントは三 - 二という状況を頭に思い浮かべさせる。そして外角いっぱいにストレートを投げて三振をとり、観客がどっと沸き、「やったー」とガッツポーズが出る。そこまでイメージできれば外角にストレートは決まる。ガッツポーズまでイメージできなければダメだそうだ。失敗を恐れる気持ちや過度の責任感、結果にこだわりすぎるなどの微妙な心の動きがコントロールに影響を与える。イメージできないことはマネージできないのだ。

彼が教えるのは、具体的にイメージすることの大切さである。この例にならえば、組織内一人親方に自分で育つという目標を自己実現的予言にするためには、まず一人親方像の詳細を理解しなければならない。

◆一人親方の三つの座標軸

一人親方をもっとも一人親方らしくするものは「専門性」である。専門性とは、職能分野での知識や技能で、技術系、文科系を問わず、「これなしではプロ人材たりえないもの」である。レベル的には、事業所内でその分野の仕事をある程度任されて一人で実行できるという初級レベルから、社内で一目おかれる存在、業界内でも名前を知られているレベル、日本のトップクラスまでいろいろある。よほどの資産家でないかぎり職業なしに生きていくことはできないので、だれでも何らかの意味で専門性を追求することになるが、専門性は専門知識を学ぶだけでは高まらない。

専門性は、「自分らしさ」と「自律性」の二つの要素と関係が深いのだ。「好きこそものの上手なれ」という表現があるように、好きでないものは、うまくなれない。好きでないことは、学ぶ努力を続けにくい。また、教科書の内容をすべて信じてしまっても新しい発見はできない。こういう考え方もあるのではないかと、教科書と違う仮説を立てて検証するような自律性が必要である。教科書やマニュアルはすべてを書くことはできないので、たとえば「きつく締める」というのはこのく

図表4●一人親方の定義

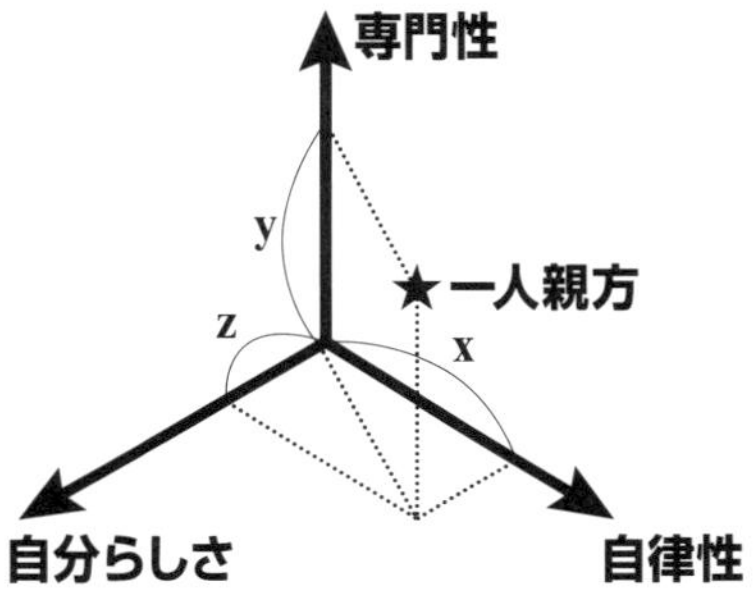

1●専門性が高ければ、ほかとの対等性を保ちやすいので自律的に行動しやすい
2●専門性が高ければ、仕事のうえで自分らしさ（個性）を発揮しやすい
3●自分らしいことならがんばれるので専門性は高まる
4●自分らしいことだと自律的に行動しやすい
5●自律性が高ければ、専門性を良いことに使用できる（悪いことには使用しない）
6●自律性が高ければ自分らしさが追求できる（他人の言いなりでは自分らしさは見つけにくい）

らいの締め方、と自分で具体的に理解しなければ技量は高まらない。このように、専門性は単独で存在するのではなく、自分らしさや自律性と影響しあい、一人親方を構成する。

すなわち一人親方を関数のように表現すれば、次のようになる（図表4）。

一人親方F＝f（x, y, z）

x：自律性、y：専門性、z：自分らしさ

自律性とは、「自分で考え、決定し、実行できる度合い」と定義でき、組織内であれば、どの程度組織の束縛から自由でいられるかが判断基準になる。当然ながら、自分自身をコントロールする能力は自律性の根幹である。

自分らしさとは、自分の価値観をよく理解したうえで行動できる能力の水準で、単なる好き嫌いではない。ピーマンが嫌いだから「食べないのが自分らしい」と思うのでは、自分らしさの理解度のレベルは低い。ピーマンやその他の例から判断して「自分はチャレンジする気持ちが弱い」「思い込みが強いのではないか」と考えるのであれば中程度、自分が大切と思う価値は「何かを達成することより心の平安のほうにウエートがおかれ、それが自分の行動に反映する」と考えているなら、理解度は高いといえる。

仮に「一人親方度」という水準があるなら、それを上げるためには、それぞれの要素をバランスよく鍛え、自分の面倒を全体としてみる必要がある。その意味で、一人親方は、自分自身の経営者でなければならない。それぞれの要素の関連性は次のように考えられる。

・専門性が高ければ、周りの人や組織と対等の関係が保ちやすく、自律性を発揮しやすい。低ければ、他の人の指導や指示を受ける度合いが高く、自律的に行動しにくい。専門性が高ければ、仕事のうえで自分らしさを発揮する機会が増える。仕事の進め方や出来栄えに、自分の価値観を反映しやすい

・自分らしいことなら好きになりやすく、努力も継続できるので、専門性は高まる。自分らしい行為なら、自分をコントロールしやすく自律性が発揮しやすい。自分の価値観がはっきりしていれば、やってよいこととやってはいけないことの区別がつけやすく、自律的に行動できる

・自律性が高ければ、専門性をどこに活用するかしないかが判断できる。良いことに使い、悪いことには使用しないよう努力できる。自律性が低ければ、組織や周りの圧力に負け、専門性の使用方法を誤る可能性が生まれる。自律性が高ければ、流行や周りの人の意見に左右されずに

自分らしさが追求できる。本当の自分を見つけるためには、自分自身をよく観察するといった自分をコントロールする能力が不可欠である

一人親方度は、専門分野がなんであれ、三つの数値のバランスがとれていなければならない。専門性は高いが自律度が低いと、専門家の立場から組織に物申すことができなくなってしまう。専門性が低いのに自分の好みばかり優先しようとするのは、わがままでチームワークを乱す原因になる。自律性に問題があれば、自分探しで時間を浪費しかねない。自分らしさがわからないと自分に適した仕事が見つけられない。

(2) 目標には階層がある

◆シュリーフェン・プランに学ぶ闘い方

戦略目標には通常、階層がある。軍事戦略論の世界で古典のひとつとなっている事例に、ドイツのシュリーフェン・プランがある。このプランはプロイセン時代からドイツで引き継がれた野戦第一主義にもとづいている。

プロイセンが抱えている地政学上の問題は、フランスとロシアの二つの強国にはさまれていることだ。そのため戦争になると、二正面戦争、多正面戦争を余儀なくされた。この問題に対する参謀総長シュリーフェンの答えは、片方の敵を素早く破り、取って返してもう一方の敵と戦う、というものであった。そのためには、要塞にこもって戦う作戦はとれないので野戦第一主義と行軍速度重

視が選択された。実際は、先にフランスを攻め、その後ロシアと戦うこととなり、この方針は第一次世界大戦、第二次世界大戦まで形を変えて引き継がれることになった。両世界大戦でもベルギーを通過してフランスに到達する作戦がとられたのは、その現われである。行軍速度を上げるための手段のひとつとして、ドイツはプロイセン時代から鉄道網の整備に力を注ぎ、ヒットラーは道路網を整備した。

以上を整理すると、戦略目標には、①ドイツ国家を維持する、②正面戦争を避ける、③野戦第一主義と行軍速度の重視、④鉄道網や道路網の整備、という階層があることがわかる。

では、①が「組織内一人親方に自分で育つ」という戦略目標の場合はどうか。②は、ドイツの例が、二つの強国にはさまれているという目標がもつ避けにくい特徴から派生したように、一人親方の場合は「専門性、自律性、自分らしさをバランスよく育てる」になる。ではそのために何を重視しなければならないか。③は「一人親方の4レベルを認識する」になる。その点を次に説明しよう。

◆組織内一人親方の四つのレベル

専門性、自律性、自分らしさの水準を個別に示して一人親方度を明示するのはむずかしい。それぞれに高低はあっても一定の範囲に収まっていて、初めて一人親方のレベルが決まるが、そのためには専門性や自分らしさを測る物差しが必要になる。そのような物差しをつくろうとすると、仕事のむずかしさを測る場合と同じように、評価要素を定め、ウエートを決め、要素ごとに評価を数値化するといった作業が必要になる。しかし複雑すぎてレベルをイメージしにくい。もっと単純でイメージしやすいものが望ましい。そこで選んだのが、「マネージすることは何か」である（図表5）。

レベル1〔マネージする対象〕自分
〔目標〕自分の仕事および前後の工程の理解、チームの一員としての有用性の確立

レベル2〔マネージする対象〕自分と他人
〔目標〕チームに貢献、他人（部下、同僚、上司、家族など）を応援・指導できる専門性の獲得、目標に共感させる力や紛争を調整する力をつける

レベル3〔マネージする対象〕自分と他人とビジネス
〔目標〕ビジネス（専門職能分野含む）に貢献、他部門を応援できる、他部門を動かす影響力をもつ、会社内の政治的力関係や意思決定ルールの理解、業界および競争相手の動向理解、自己の専門性、自律性、自分らしさのどれかが妨げられるようなら組織を離れる覚悟をもつ

レベル4〔マネージする対象〕自分、他人、ビジネスおよび変化
〔目標〕専門分野、ビジネス、社会、それぞれの進むべき方向を洞察しそれに適合するよう企業文化を変革する、自分の価値観を社会で実現しようとする

組織内一人親方には四つのレベルがあり、レベルごとにマネージする対象が異なる。レベル1をマスターせずにレベル2に、レベル2に到達せずにレベル3にはなれない。専門性、自律性、自分らしさの水準は、レベル1では自分をマネージするのに十分なもの、レベル2では自分と他人の両

図表5●一人親方の4つのレベルとキャリアパス

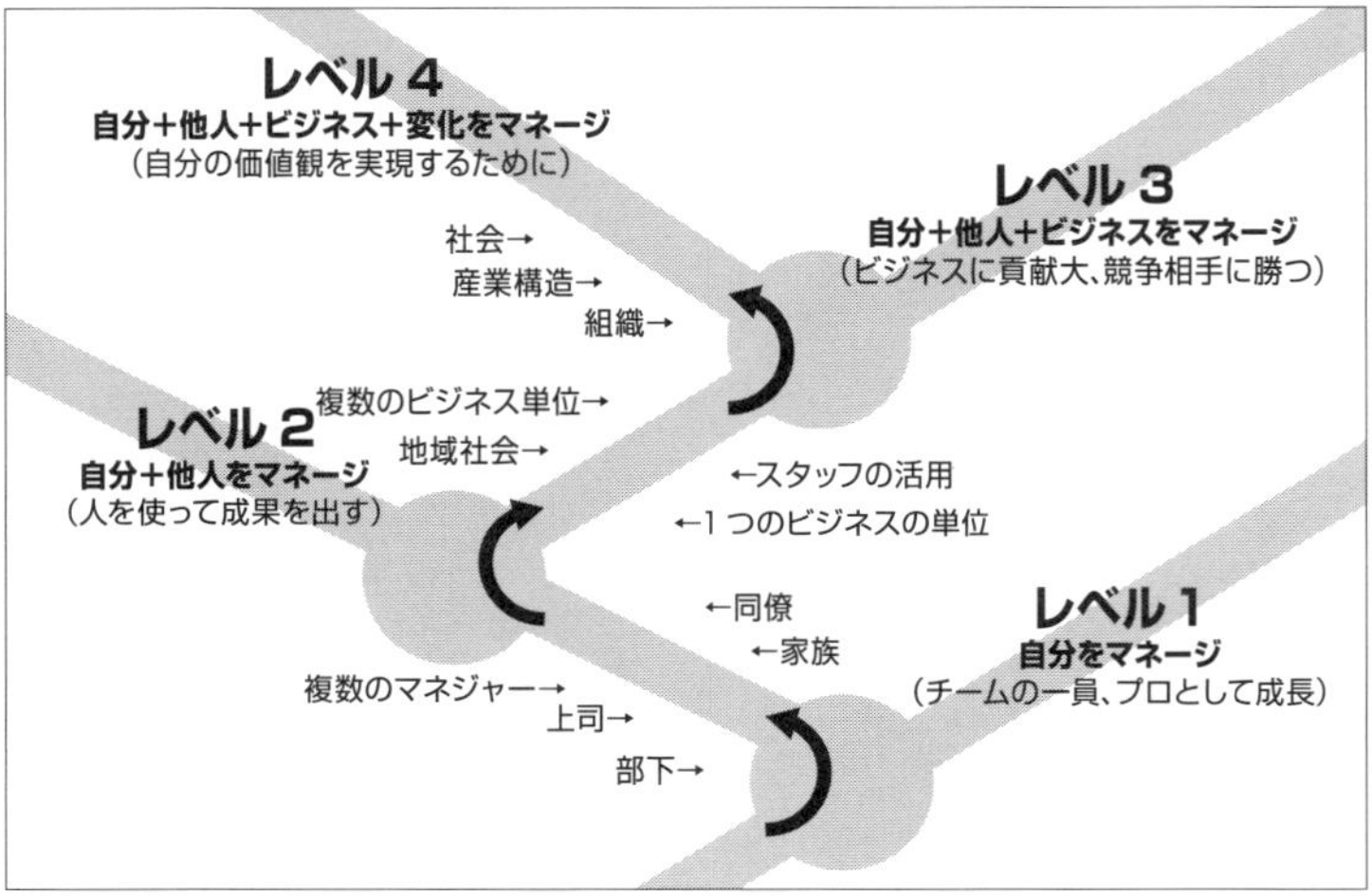

方をマネージできる水準でなければならない。

　レベルが変わる時点はキャリアの曲がり角に差し掛かったころで、自分の進むべき道を選択する時期でもある。自分をマネージできるようになって、レベル２（他人もマネージできるレベル）に進む時点を考えてみよう。多くの人は、自分と他人をマネージして結果を出す仕事のほうに進む。しかし、他人をマネージするより、自分の専門分野に集中したいと考える人もいる。部下をもつよりは研究に専念し、研究分野で世界のトップをめざしたい研究者や、売るのがおもしろくて普通のセールスマンの何倍も売ってしまうスーパーセールスマンなどがその例である。どちらに進むかは自分で決めてよい。しかし、他人を直接マネージしなくとも、専門性が高まるにつれ間接的に他人やビジネスをマネージするようになる。研究テーマの選び方はこうしたほうがよいとか、競争に勝つにはこういう分野の研究をすべきだ、などとアドバイスできるようになるからだ。車のスーパーセールスマンであれば、こういうお客さんにはこういう売り方がよいとか、売り上げを伸ばすにはこういうタイプの車を開発すべきだなどと助言できる。

同じように、レベル2から3への変更時には、ビジネスをマネージする方向に進むのか、いままでの専門分野のさらに特定の分野をめざすのか（たとえば人材マネジメントでいえば、給与やインセンティブ・プランなどの処遇制度の専門家の道か、人材開発の専門家か）を選ぶことになる。

(3)　闘い方を選択する

戦略には事前に決まる戦略と事後的に決まる戦略があると第3章で説明した。それにならうと、自分は何をしたいかがわかっている場合と、まだぼんやりとしていてよくわからない場合とでは、とるべき戦略は異なる。

◆「自分らしい」が何かがわかっている

まずは、事前に決まる戦略の代表として競争優位の戦略を使って考えてみよう。

競争優位の戦略を簡単に整理すれば、競争の状況を分析し、自分の強みと弱みを理解したうえで闘い方を決めるというものである。この戦略が採用できるのは、目標がはっきりしていること、たとえば自分がおもしろいと感じるものは何かが理解できていて（自分の特徴点の理解）、その結果、自分がしたいことを実現するにはなんの専門家になればよいかがわかっている場合である。

分析する競争の状況とは、

・その分野の専門家になることのむずかしさの程度。たとえば弁護士は司法試験に合格しなければならず、簡単にはなれないので、新規参入が比較的むずかしい

・分野が重なる専門家がほかにいるかどうか。公認会計士の仕事と税理士の仕事は重なる部分があり、場合によっては代替可能である

・その専門分野に対するニーズはどのくらいあるか。増えているのか減っているのか。たとえば個人資産が大きい人が増えれば、資産運用の助言ができる専門家に対するニーズは増加する

・仕事をするうえで必要な道具や情報、専門性を高める教育の機会は十分にあるか。経済に関する統計が整備されていなければ、エコノミストという仕事はやりにくい

・目標とする専門分野に、すでにどのくらい専門家と目される人がいるか。非常に大勢いるのであれば、自分を差別化できる何かをもっていなければならない。それをもっていないなら異なる分野を目標にするほうがよいかもしれない

自分の強み弱みとは専門知識に関するものだけでなく、自分自身を取り巻く環境の有利不利、たとえば自分自身を訓練することを妨げる要因も含まれる。資金量や家族の状況などがそれである。

競争の状況、自己の特徴点をふまえて競争の仕方を考えるとは、自分が活躍する場を選択することである。ある分野全体の専門家をめざすのか、そのなかでも特定の狭い分野をめざすのか。取り組みの切り口に特徴を見つけるのでもよい。事例をあげれば、人材マネジメントの専門家をめざす

のか、そのなかでも能力開発の分野をめざすのか、あるいは切り口として心理学的アプローチを特徴とするのか、経営学的な接近を特徴とするのかなどの選択がそれである。

なお、競争には時間という相手もいる。一人親方になる前に、仕事ができる最盛期を過ぎてしまったり、定年を迎えたのでは、目標は達成できない。この点は次節で検討しよう。

◆将来起こりそうなことが予見できている

自分が活躍できそうな分野を競争の状況と自分の特徴点で選ぶという方法のほかに、活躍する場面をイメージし、そのイメージを達成するのに必要な能力を他の人より先に手に入れてしまおうという考え方もある。自分自身がはっきりわかっているというよりは、将来起こりそうなことに明確な考えをもっているケースである。この場合は、競争相手に先んじて、将来に必要となる知識や能力を高めておく戦略が採用できる。未来を予測してあらかじめ準備を進め、将来の競争に有利なポジションを獲得しようとする戦略で、先行した人が優位になるという意味で、先行優位性の理論と呼ぶ。商店街で良い場所を人より先に押さえてお店を出してしまおうという考え方である。

たとえば、日本でも労働市場の流動性は高くなり、国境を越えて自分の腕前を試そうとする人が増えると予測を立てたなら、企業はどう対応するかを想定してみる。優れた人が流出するのはやむをえないと考えれば、その後継者が次々と育つような仕掛けや、他社から優秀な人が引き抜けるような魅力ある企業文化をつくろうとするはずだ。そういう対策をしていれば、なんの手も打たなかった競争相手に優位に立つことができる。しかし、優れた人材を次々に育てようと思えば、人材育成のノウハウを蓄積する必要がある。そうだとすると今後、人的資源管理の分野のなかでも人材開発の専門家に対するニーズは増加するはずである。さらには短時間では人を育てる仕掛けはつくれないので、人材の育成を重要と考える企業文化が大切になる。したがって企業の文化を変える能力も求められよう。このように予測して学習のターゲットを絞るという方法である。

将来を予測し、それにあらかじめ備えることにより先行優位性を確保する戦略は、一人親方になるための手法として有効である。ただしあらかじめ高めた知識や能力が、あとから追いかけてきた人に簡単に追いつかれるようなレベルであれば、先行優位性は保てない。これからは、グローバルに活躍できる人事勤労の専門家が必要だという予測があったとしても、英語ができる、海外経験があるといった程度ではすぐに追いつかれてしまう。英語のほかにもう一ヵ国語ができるとか、MBAの資格をもっていれば少しは追いつきにくい。しかしそれは競争相手を日本人に限ったもので、グローバルに考えれば、MBAの資格や英語力プラス一ヵ国語程度の語学力では、大勢の人が普通にもつ能力である。やはりグローバルな実践経験とともに、専門分野のなかで賃金理論ならあの人、リーダーシップ理論なら彼女に聞けばよいと、専門家の仲間から一目おかれるような知識や能力がなければ、先行優位戦略を採用する意味がない。

◆何をしたいかが曖昧でイメージできない

自分らしいこととは何かがまだはっきりしていない、あるいは将来、どの分野でがんばるか明確にイメージができ上がっていない場合は、活躍する場を選ぶ戦略や先行優位性を獲得する戦略は採

図表6●高台の見つけ方

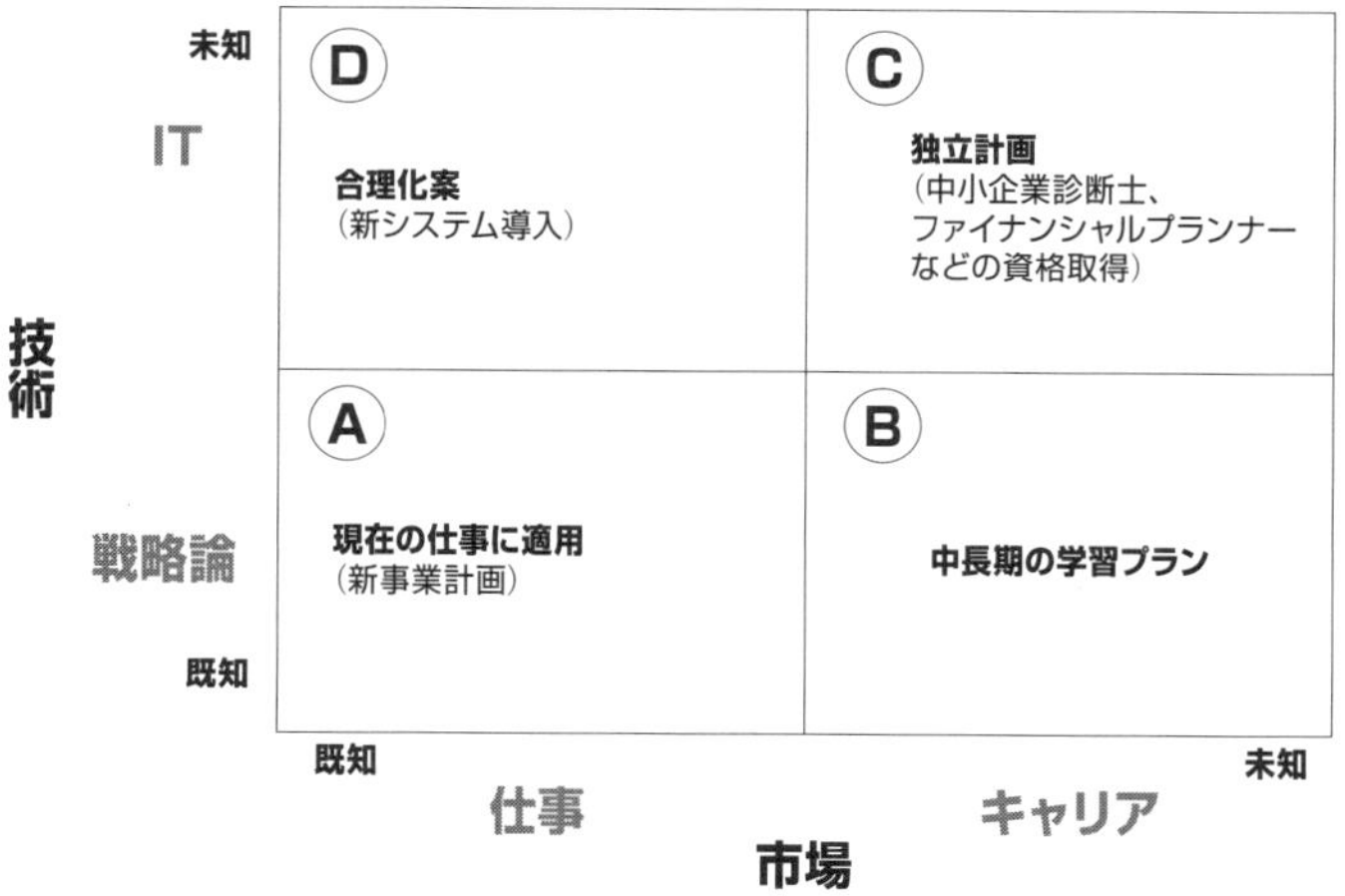

用できない。だが、先に説明した「撃て、狙え」型の、遠くが見通せる高台の見つけ方は応用できる。

図表6は、縦軸に技術、横軸に市場をとり、縦軸の「既知」が戦略論、「未知」をＩＴ関係、横軸の「既知」は仕事、「未知」をキャリアとおいたものである。縦軸や横軸の指標は、たとえば現在の仕事から「既知」を人事勤労、「未知」を経理でもかまわない。要は知りたいこと、方向を見つけたいことから考えて選ぶ。

Ａは、現在のビジネスや仕事について、知っている知識により、もっとうまくやるためのプロジェクトがつくれればよい。従来の事業計画に戦略論を適用し、バージョンアップをはかるなどが相当する。いまの仕事に自分の得意な戦略論を適用することにより、新しいアイデア、切り口を見つけられる可能性がある。Ｂでは、キャリアという新しい分野に戦略論を適用する。戦略的に、今後何を学ぶかを整理した中長期学習計画の立案・実行というプロジェクトが考えうる。海外勤務がしたいのであれば、英語のほかにたとえば中国語など、もう一ヵ国語の勉強を始めるなどが考えられる。Dは、新しく習得する知識を使って現在の業務の合理化を考える、などが相当する。ＩＴ関係の知識を増やし、人材マネジメントの新システムの導入を提案するプロジェクトなどが候補になる。Cは、新しい分野へ新しい知識で挑戦するというリスクの高い試みで、会社を辞めて独立するようなケースが相当する。その準備のため中小企業診断士といった資格をとるなどがあげられる。

これらのプロジェクトを実行することで自分の特徴点、自分らしさのヒントをつかめるほか、キャリアを追求するうえで何を学んだらよいかがはっきりさせられる。Aでは、現在の仕事のどの分野が自分に向いているかのヒントがつかめる。Bからは現在の知識や技能にもとづき次に参入すべき分野が、Dからは現在の仕事をよりよくするために習得すべき新しい知識がわかる。そしてBとDを比較衡量し、いままでの知識に新しい知識を加えて闘うか、いままでの分野に新しい分野を加え、活躍の範囲を広げて闘うかを選択する。もっと大胆に、まったく別な方向を選ぶこともありうる。

何を選ぶかは、助言を受けたとしても、自分の学習にもとづいて決めなければ後悔するはめになる。人のいいなりでは、成功からも失敗からも学ぶことができない。歩き出していないのだ。

高台から眺めたことにより判断できるのは、その分野で食べていくのに必要な専門性の水準である。歩き出したあとから考える戦略では、初めから専門分野を決めている人や、将来起こりそうなことがわかっている人に比べ、専門性の水準の把握は遅れてしまう。したがって高台に登ったらすぐに業界の水準を把握しなければならない。そしてわかった水準の獲得に向けてただちに努力する。競争相手は初めのうちは組織内であっても、次第に他社の専門家や大学の先生などが含まれてくる。したがって、その水準は少なくとも業界の平均以上であり、できれば世界水準であろう。この戦略を選択した人は、目標に向かってジグザグに進むことになるので、普段から社外の情報に気を配り、たえず目標となる専門性の水準値を修正しておかなければ、競争に勝つのはむずかしい。

3　戦略の成功・不成功の判定条件

(1)　目標到達へのプロセスを区分する

◆達成目標と時間で判定条件を設定する

戦略を実行する際は、戦略の成功・不成功の判定条件をあらかじめ決めておく必要がある。条件が曖昧だと判定が混乱する。湾岸戦争のとき、成功・不成功の判定に対する合意が大統領と戦争実行責任者との間で明確でなかったために、アメリカは二度イラクと戦争することになったといわれる。湾岸戦争の目的は、クウェートに侵入したイラク軍をクウェートの国境の向こうに押し返すことなのか、イラク軍の主力部隊、大統領警護隊を粉砕することなのか、それともバグダッドを占領するのかである。それぞれ因果関係が複雑に絡まっているから簡単には決められないために問題が生じたのだが、原則論としていえば上記のどれかは決めておくべきだった。一度目の戦闘をもう少し継続していれば、袋のネズミ状態だった大統領警護隊は壊滅し、フセインはその後、政権を維持することはできなかったのではないか。早すぎる停戦命令により、イラク軍主力部隊はバグダッドへ生還してしまい、フセイン政権を倒すための戦争が、もう一度必要になった。

成功・不成功の判定条件には時間も含まれる。一人親方になる前に、仕事ができる最盛期を過ぎてしまったり、定年を迎えたりしたなら、目標は達成できない。ただし最盛期は人により大いに異なる。やりたいと思っていても周りの環境がそれを許さなかったため定年までがんばり、いろいろな責任を果たしたのち、自分の好きなことに取り組むという戦略もありうる。伊能忠敬や考古学者のシュリーマンがその代表例である。準備期間を長くとったのだ。一方で現在の担当と将来やりたいことの間に関連が薄いと、遠くの旗を思い続けるのに強い意志が必要となる。準備期間を長くとることは、あまりおすすめできない。

やりたいことがずっとわからずに、定年近くになってようやく何をしたいかわかったという場合は、この戦略を採用したとはいえない。また人には天職があるはずだと考え、天職探しに時間を浪費してしまった場合も当てはまらない。いずれも結果的に準備期間が長くなったにすぎないからだ。戦略とは結果論ではなく、意志をもった長期的計画である。

成功・不成功の判定条件は、達成目標と時間の二つの要素を組み合わせて考えなければならない。その方法がフェーズ区分である。フェーズ区分とは、戦略と地図のアナロジーに従えば、第一週の終わりまでにはここまで進む、一ヵ月後にはここに到着している、などと到着地点と到着時間をあらかじめ決めておくことである。もっとも、それらは当然、天候異変などの思わぬ事象によるトラブルは避けられないので、柔軟に変更できなければならない。

フェーズ区分の原則は、戦略目標の階層の下位から上位へ、初級から上級への積み上げ方式である。すなわち戦略目標を達成するのにどうしても必要なこと、土台となることから始め、その上に、目標を達成する土台になること、というように積み上げていく。

まだやりたいことがはっきりしてない人にとってフェーズ１は、遠くが見通せる高台に登っているときなので「探索の時代」といえる。フェーズ２は見つかったことを実現するための「立ち上げ期」、フェーズ３は「活動が本格化する時期」、フェーズ４は「収穫の時期」となる。

◆やりたいことがはっきりしない場合のフェーズ区分

入社時にやりたいことがはっきりしていなかった私を例にあげれば、次のとおりである。

〔フェーズ１〕探索期

海外で活躍する仕事がしたいと思っていたのに工場の勤労課に配属になり迷っていた時期。とりあえず社会人としての仕事の仕方を学ぼうと考えていた。ロールモデルとなる優秀な人が周りにいることを発見。人事勤労の仕事がおもしろくなり始める。本社に転勤になり、課長以上の昇給・賞与などの処遇制度の立案を担当。

〔フェーズ２〕立ち上げ期

アメリカに転勤。現地法人の人事勤労関係の諸制度を整備。日米の制度を比較検討する過程を通して、人材マネジメントへの理解が深まる。「この形になれば横綱とも闘える」というものを獲得。日本に戻り海外人事勤労業務担当。海外人事という分野をキャリアにすると決める。工場の課長、部長を経験。

〔フェーズ３〕活動期

経営に関する仕事の比率が増え始める。フランスの工場の立ち上げを副社長として経験。日本に戻って本社で教育担当。その後、国際調達部にローテーションされ驚く。海外に十七の独立採算の拠点があり、中小企業経営の大変さを味わうとともに、値引き目標予算の達成に苦労する。

〔フェーズ４〕収穫期

三回目の海外勤務でパソコン会社の社長に就任。リストラで立て直すが本社は撤退を決断。日本に戻って経営研修所の社長。人材開発のやり方をグローバルな視点から改定。退職後、３Ｄラーニング・アソシエイツを設立し人材開発に専念。

◆やりたいことがわかっている人の場合

やりたいことがわかっている人は、組織内一人親方の四レベルをフェーズ区分に活用できる。やりたいことがあとからわかった人は、わかった時点から四レベル活用型を参考にしたい。

〔フェーズ１〕組織内一人親方レベル１に到達

競争相手が時間なので、一人前になるまで、すなわち見習いとしての期間中に何をするか計画する。だれに習うか、どこで習うか、何年ぐらいでひととおりのことができるようになるかなど。一人前になったあとは、同業の先輩、後輩と腕前を競う。やはり大切なのは自分の特徴を生かして競争する姿勢だ。このとき、専門家としての能力をお互い切磋琢磨するという考え方でないと大成しにくい。地位や昇進を競うのではよけいなエネルギーも使い、心も疲れて腕前を磨く妨げになる。楽しい競争でないと生産的にならないというのが私の意見だ。一人前になるには、前工程、後工程を理解し、そういう前後関係のなかで自分に期待されていることは何かを理解する。また、次のレベルに進むための勉強として、レベル2の人の行動様式や考え方を注意深く観察する必要が高まる。

一人前になってからの戦略の立て方について、人事勤労部門の例で少し具体的に考えてみよう。自分の強みは賃金実務や労使関係に詳しい、弱みは採用や人材開発に携わった経験が乏しい、とする。そして同期や二、三年先輩に人事部門の経験が豊かな優れた人材がいたとする。この場合、弱みを強化するには彼らから学ぶよう努め、機会をみて人事部門の経験を積めるポジションへの異動機会が得られるよう努力するか、彼らと別な強みをもつ専門家をめざし、さらに賃金や労働判例に関する知識を強化するかを考える。春闘などの労使関係が華やかな時代は終焉したので、これからの課題は人材開発になるなどと、業界の将来動向を予測することも大切である。将来どのような仕事のニーズが高まるかの予測ができれば、勉強の方向を定めることができる。

〔フェーズ2〕組織内一人親方レベル2に到達

必要な能力に、他人をマネージする能力が加わってくる。自分らしさは自己認識と社会性の二つで構成されるが、後者には他人の感情に敏感であるとか、共感できるといった能力も含まれる。他人の協力を得るためには、相手の様子をよく観て行動しなければならない。また自律性においては、自己管理だけでなく他の人との関係性の管理も重要である。関係者の間での意見の違いを調整したり、影響力を発揮したりするには、普段からつきあいがあり、お互いが知りあっている必要がある。他人の範囲が家族や他部門のマネジャーへと広がっているので、上記の関係性管理のための投資と目される行動に時間が割かれることを考慮に入れなければならない。

このレベルは、いわゆるマネジャーのポストに要求されるレベルなので到達までの時間はいろいろである。また、他人の範囲には上司も含まれるのでリーディング・アップと呼ばれる自分より上位のポストの人を動かす力も必要で、それができる専門性が必要。この専門性をいつまでに身につけるかがこのフェーズのポイントになる。

〔フェーズ3〕組織内一人親方レベル3に到達

一人親方の上級に求められる主たる課題は、ビジネスのマネジメントである。専門知識は隣接する領域に広がるとともに、一つの事業分野に関し知識が累積されている。他人をマネジメントする能力というよりは、もっと広く人的資源管理についての能力があると表現されるレベルになっていなければならない。関心は、組織の能力の向上に向けられている。変化させるためのスキルをもち、事業の戦略立案ができる。自分の言葉でビジネスについてのビジョンが語れる。部長クラス以上の一人親方である。

〔フェーズ４〕組織内一人親方レベル４に到達

最上級の一人親方の仕事は変化のマネジメントで、もはや一人親方という言葉が当てはまらなくなる。変化するのが当然といった企業文化をつくるのが仕事で、棟梁として、多くの一人親方を使いビジネスに創造力を発揮する経営者である。専門分野については、将来のトレンドを予測し進むべき方向を示唆したり選択したりできる。

このように、フェーズ区分ごとに成功・不成功の判定基準は変化する。上記のような水準に順次、到達できていれば戦略は正しかったのだ。そうでなければ、戦略がうまく機能していないので、戦略のタイプを選び直すことから始め、中間目標の設定や伸ばすべき能力の優先順位、学習の時間配分など基本に戻って練り直す必要がある。「マネージするもの」とされたテーマがマネージできるようになれば成功で、そうでなければ不成功である。ポストに就いたかどうかとは関係がない。

(2)　柔軟な中間目標があると努力しやすい

◆日常の過ごし方にも意味をもたせる

戦略がうまく機能しているかどうかの判定基準に、毎日やっている平凡な事柄が輝いてみえるか、もある。何か楽しいことに向かって努力しているとき、人は苦労を苦労と感じなくなる。別な言葉でいえば、目標があるほうが努力しやすい。ただ目標が固定的だと状況の変化に対応できず、目標が苦しみの原因になってしまうので、フレキシブルな目標にしたほうがよい。大きな区分けとしてフェーズ区分ごとの目標があり、そのなかにいくつかの中間目標があるなら、その中間目標は状況に合わせ柔軟に変更すべきである。

そもそも遠くの旗（目標）としてのビジョンとそこにたどりつく道筋としての戦略が果たす役割で重要なものに、日常の活動に意味をもたせ、些細な事柄も丁寧に取り組まなければと感じさせることがあげられる。フルマラソン大会への出場を決め、長期にわたる練習計画をつくり、トレーニングを始めると、毎日の通勤時に登る駅の階段も別な色彩を帯びてくる。面倒な階段が筋力アップの格好な練習場所に変化する。歩道橋も喜んで利用するようになる。ビジョンと戦略があるのとないのでは、日常の過ごし方にも大きな違いが生じる。

◆長期目標(目的)に応じてリソースを再配分する

日常の活動に意味をもたせるだけでなく、戦略であるからには、お金や時間やエネルギーといった個人にとってのリソース（資源）の配分にも影響を与えるものでなければならない。仮に、西洋骨董の小さいお店を開く夢をもっていたとしよう。そのためにはお金を貯め、語学を勉強しなければならないし、商品に関する研究も必要である。これらのうち、まずは言葉が喋れないのでは商品の仕入れもむずかしいからとフランス語の学校にアフターファイブに通うことにした。この費用をどう捻出するか考えていて、スーパーで特売のリンゴを見つけ、これで少し語学学校の費用が稼げたと思えるようであれば、望みは本物といえる。単に家計費を節約するると考えるのと、何か目的のためにリソースを生み出す努力をしていると考えるのでは、結果が異なる。

この事例は、一般的なアウトソーシングと、戦略的アウトソーシングの違いの説明に似ている。言い換えると、単にコスト低減のためにアウトソーシングをするのと、アウトソーシングすることにより生み出された余力を自分の得意な分野に振り向けることにより競争上の優位を獲得しようとするのでは、同じアウトソーシングでも結果は大いに違ってくる。長期的な目標とそれにもとづくリソースの再配分が、ビジネスモデルの違いをつくり出すからである。

事業は、材料の仕入れ、設計、製造、検査、販売、保守サービスの提供といった業務単位、価値の連鎖（バリューチェーン）で成り立っている。競争を有利に進めようとすれば、そのなかのどこでがんばり、どこでがんばらないかを考える必要がある。すべての分野でがんばるのは効率的とはいえない。がんばらないと決めた部分はアウトソーシングし、自分のリソースはがんばると決めた部分に集中する。

そのような選択は、自己の特徴点をおのずと際立たせる。だから、一人親方になるという長期の目標があり、その目標に到達するための筋道、どの分野でどうやって修行をし、いつごろそうなって、どんな楽しい人生を送るかについてのアイデアがあり、それに向かって努力している場合、日常の些細な雑事も大切にみえてくる。時間やエネルギーの配分も考え、お金も重点的に使う。そうなれば、すでに目標の達成に一歩を踏み出しているのだ。

(3) 負けたことで得られる学びの機会

戦略を考えることが大切な理由は、「戦略が不成功であった場合でも得るものが大きい」からである。軍事戦略論の世界は、戦いに負けた側が負けた原因から学習し、その後強くなった事例に満ち溢れている。真珠湾攻撃で大損害を被ったアメリカ軍が、空母を中心とする機動部隊の有効性を学んだのに対し、日本海軍が戦艦中心主義を脱却できなかったのは、その一例である。

戦略は競争に勝つためにつくる。しかし負けても、戦略を手掛かりに何が悪かったかを知ることができる。一回限りではない長く続く競争に戦略が不可欠な理由が、ここにある。

◆零式戦闘機の落下タンクに学ぶ

負けたことから学んだ日本の事例を紹介しよう。第二次世界大戦が始まったころの各国の主力戦闘機、たとえばイギリスのスピットファイアやドイツのメッサーシュミットには落下タンクがついていなかったが、零戦にはついていた。それはなぜか。

第一次大戦以降、航空機が兵器として使われるようになり戦略爆撃という戦略が生まれた。飛行機なら、地上で敵味方が対峙している前線を飛び越えて、補給ラインを攻撃できる点に着目したものので、補給ラインだけでなく工場や都市も破壊でき、戦争を継続する意志も挫くことができると考えたのだ。この延長線上に第二次大戦の都市爆撃がある。この戦略爆撃論の広がりとともに、大量に爆弾が運べ、航続距離が長く、相手の領地の奥深くまで往復できる大型の爆撃機の開発に各国とも力を注ぐことになった。爆撃機こそが戦いの主力兵器で、戦闘機は補助兵器、無用との説も有力となった。高速で対空機銃を多数備えた重武装の爆撃機が開発されたからである。昭和二、三年ごろには日本海軍でも、戦闘機無用論が高まり戦闘機の開発は後回しにされるようになった。昭和十年に開発された９６式陸上攻撃機は当時の第一線の戦闘機である９０式戦闘機やそのころの新鋭機９５式戦闘機より高速で飛べた。

昭和十二年八月に上海事変が起こり、日本は大型爆撃機を台湾から杭州へ、九州から南京へ向かわせて空爆した。これは渡洋爆撃として有名になるものの、戦闘機の護衛なしの攻撃で損害が多数出た。これ以降、戦闘機の護衛の必要性が認識され、航続距離の長い戦闘機が要請されるようになる。零戦は燃費のよい「栄」エンジンのお蔭で航続距離が長いだけでなく、落下タンク（戦闘開始前はこのタンクのガソリンを使い、なくなってから胴体内タンクのガソリンを使う。戦闘開始前には落としてしまうので落下タンクと呼ぶ）も装備していたことから、太平洋戦争初頭、台湾から大型爆撃機を護衛してフィリピンのアメリカ軍飛行場攻撃に参加できた。アメリカ側はそのような長距離を飛べる戦闘機は知らなかったので、海上の航空母艦から飛来したと考え、洋上を探したという話が残っている。

これに対してロンドンを爆撃したドイツ機を護衛するメッサーシュミットには落下タンクはなく、ロンドン上空にとどまれる時間も短かったために、ドイツ爆撃機の損害は大きかった。イギリス上空の戦いであるバトル・オブ・ブリテンにイギリスが勝てた理由のひとつにメッサーシュミットの航続距離の短さがあげられている。しかし反対にドイツを爆撃するようになると、今度はスピットファイアがドイツ上空にとどまれる時間が短く、大損害を受けたことから、イギリス空軍による昼間の爆撃は中止され、防御力に自信のあったアメリカ機だけで行なわれたが、やはり被害は甚大であった。

戦略爆撃論は、爆撃機の防御力の弱さに対する検討が欠けていて、ある意味、机上の空論であることに気がつくまでに、ドイツもイギリスも多数の損害が必要であった。それまでは、戦闘機の航続距離という問題に関心がいかなかったのである。その後、スピットファイアに落下タンクが装備されたのはいうまでもない。

◆PDCAサイクルを戦略でも生かす

計画を立て、実行し、結果をみて反省し、計画をつくり直して再挑戦というPDCAは製造現場では普通に使われている。しかし、戦略という大きなものになると、その限りではない。日本は同じ失敗を繰り返すことが多い。経済産業省主導の国家プロジェクトは失敗を繰り返している。文部科学省は教育制度をしばしば改定するが、日本の大学が世界のトップクラスという話は聞いたことがない。これは、戦略的思考の不足もあるが、結果の評価がいつも曖昧なままで終わってしまうところに原因がある。

民間企業でも、海外事業については家電の失敗を半導体が繰り返し、半導体と同じ失敗をコンピューターも起こすという感じであった。「この調子でいくと自動車産業でもこういうタイプの事件が起こるぞ」という私なりの予測を、海外事業の発展段階モデルをベースに立てたことがあるが、ほぼ的中した。失敗が繰り返されるのは、事業が違う、産業が違う、会社が違うからと、ほかから学ぼうとしないためだ。今日では家電も半導体もコンピューターも海外から撤退し、それらの産業で苦労し失敗を経験した人が定年退職してノウハウが失われる傾向がある。

一方でこれから初めて海外事業に乗り出す産業、たとえばインフラ関係や農林漁業には経験者が少ない。現地のことは現地に任せよという「現地化神話」による自己の特徴点の喪失や、「内なるグローバル化問題」といわれる海外関係部門とその他の部門間の齟齬や対立など、同じ問題を繰り返すおそれが十分にある。もっと他産業の経験から学ぶべきである。議論をすることイコール批判と考えて避けるのでは、失敗から学べない。

失敗を議論するのは、責任を問うためではなく、教訓を引き出すために必要だからである。翻って、個人の場合も同様で、他人の経験から学ぶと同時に成功・不成功の判定基準に従って専門性、自律性、自分らしさの視点から、振り返りを真摯に行なう必要がある。「負けた側が、勝った側よりよく学ぶ」は、歴史の教訓である。失敗を恐れる必要はないことを肝に銘じて、「撃て、狙え」に挑戦すべきである。

第5章　キャリア形成とリーダーシップ

キャリア観はキャリア目標を設定するために必要であり、どういう組織内一人親方になるかのイメージの土台となる。リーダーシップは「自分で育つ」ために自分に対して発揮する。

1　価値観にもとづくキャリア形成

(1)　九〇年代に大きく変わったキャリア観

キャリアとは何か。一言で表現するなら、「どういう人生を送りたいかという問いに対する答え」である。よほどの大金持ちでないかぎり、職業なしでは生きていくことはむずかしいので、この問いは、「どういう職業人人生を送りたいか」と同じである。自分らしい人生を送ろうと思えば、自分らしい仕事を選ぶ必要がある。しかし、「自分らしい」がどういうことかは、すぐにはわからないので、自分らしい仕事とは何かもすぐにはわからないのが普通である。

キャリア形成の理想形は、①自分らしい仕事を選択する、②好きだから上手になる、③進歩がわかるので努力できる、④努力の結果、専門性が高まる、⑤専門性を生かして自分らしい人生を送る、である。しかし、自分らしい仕事を選択することがむずかしいので、現実的なキャリア形成の方法は、①が「自分らしいことはすぐにはわからない」となり、その結果、②おおむねの方向を決めて歩き出す、③経験したことから学習する、④適職を自分でつくる（自分らしいやり方を見つける）、⑤組織内一人親方をめざし努力する（普通の人に適した方法）という順になる。

キャリア目標は中長期にわたるものなので、その達成にあたっては戦略的な思考を必要とし、キャリアという遠くの丘の上の旗をめざしてジグザグに進むことになる。第4章で述べたように、したいことがわかっている場合の戦略とわかっていないときの戦略は異なるので、自分らしい仕事は何かがまだわかっていなければ、「撃て、狙え」型か、できることから考える資源重視型を採用することになる。どういう人生を送りたいかに対する答えという意味では、これまで歩いてきた足跡も、キャリアの一部である。

キャリアについての考え方は一九九〇年代にアメリカで大きく変化した。九〇年代より前のアメリカでは、まじめに一つの職業に取り組み、それなりの成果をあげていれば生活も安定し、周りの人にも尊敬され、豊かな人生が送れるという考え方がキャリア観の主流だった。アメリカの労働市場は流動性が高いといわれるが、少なくとも一九八〇年代までは、大学を卒業した後、自分に合った専門の仕事ないし職場を見つけるまで三、四回転職したとしても、落ち着き先が決まってからは定年まで一つの会社にとどまるのが普通だった。ＧＥやＧＭ、ＩＢＭといった大企業では、アップ・オア・アウト（Up or Out）、すなわち順調に昇進する人は会社にとどまり、そうでない人は別な機会を求めて会社を離れるといったプレッシャーがあり、残った人はＧＥやＧＭ、ＩＢＭ一筋の長期勤続者ばかりで、なかには親子三代同一企業というケースもたくさん存在した。不況でリストラが行なわれることはあったが、勤務成績が優秀であれば解雇される心配はあまりなかった。

◆レイオフからリフへの転換

ところが、そうした環境が九〇年代に入って一変する。八〇年代に一人勝ちの様相を呈していた日本企業を徹底的に研究した結果、アメリカ企業は情報の共有化という点に日本企業の強さを発見し、それを自分たちも取り入れようと考えた。なぜ日本企業は情報の共有化に優れているのか。その背景には「長い関係」が見出された。部品メーカーと最終製品の製造会社が、製品開発の早い段階から情報を共有できるのは、系列などによって信頼関係が生まれているからであり、従業員も長く会社に勤めることで会社の状況がよくわかり、いろいろと協力する。

アメリカ企業は、この情報の共有化を得意なＩＴで実行しようと考えた。ＩＴ投資が増えるとともに、ＩＴを活用して仕事のプロセスを見直すリエンジニアリングが盛んになる。当然のことながら、ＩＴ投資によって情報の共有化が進むにつれ、中間管理層の余剰が目立つようになり、ダウンサイジングと呼ばれる人員削減策がとられ始めた。

一方で、インターネットを利用する事業が盛んになるにつれ、マーケティング理論や戦略理論の進化とネットビジネスの成長が結びつき、ビジネスモデルの優劣が勝ち負けを決めると強く意識さ

図表7●キャリア観の変化

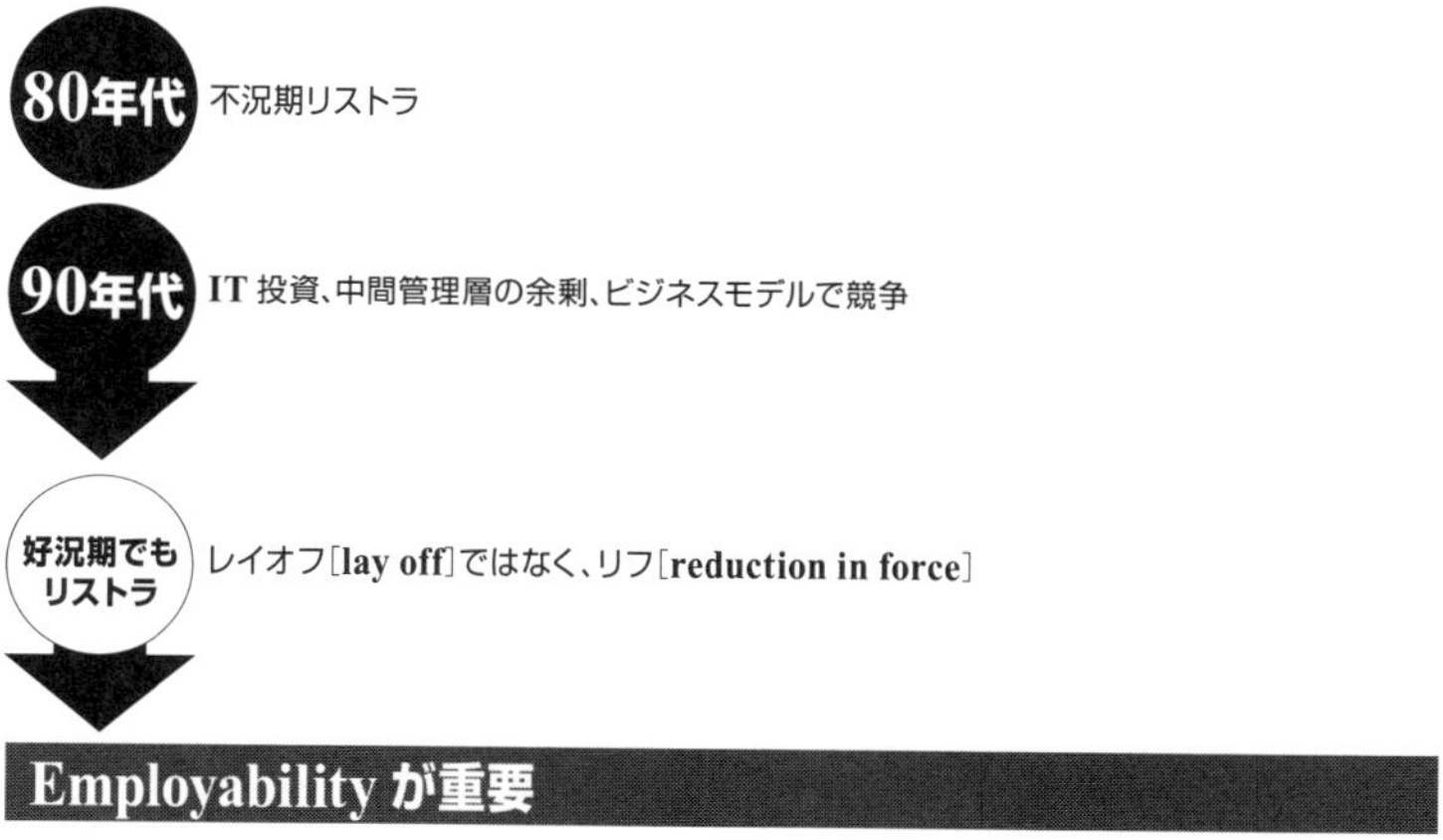
80年代
不況期リストラ
90年代
IT 投資、中間管理層の余剰、ビジネスモデルで競争
好況期でも
リストラ
レイオフ[lay off]ではなく、リフ[reduction in force]
Employabilityが重要

れるようになった。ＧＥのジャック・ウェルチは一位か二位になれない事業はやらないと宣言してビジネスモデルを変更し、ＩＢＭはソリューションビジネスに大きく舵を切り、大型コンピューターから撤退した。

ビジネスモデルの変更は好不況に関係なく実行され、不要になった事業分野に所属する人は解雇される。これは事業分野の再編であり、本人の能力の有無とは関係がない。このようにして、従来は不況時しか行なわれなかった人員削減が、好況時でも普通にみられるようになった。レイオフ（lay off）ではなく、リフ（reduction in force）である。レイオフは不況による一時的な人員削減であり、景気が回復すれば呼び戻すという意味合いがあるのに対し、リフは必要のなくなった仕事に従事する人員の削減で、好況になっても呼び戻しはないというニュアンスがある（図表7）。

こうした変化により、人々のキャリア観は変更を迫られることとなった。まじめに一生懸命仕事をしていても解雇されることはあり、いったん仕事を失うと、本人の責任ではないのに家族、友人からの尊敬さえ失いかねない。加えて、自分がダメだから失業したのだと自責の念にとらわれたり、会社に裏切られたと感じるなど、不幸感が増大する。会社に依存したキャリア観、すなわち課長になり、部長になるといった組織内の地位の上昇をキャリアと考えるのでは幸福にはならない可能性があることに気づかされたのだ。組織に左右されない、もっと自分自身の価値観にもとづくキャリア観が必要と考え始めたのである。

アメリカで始まった、好不況に関係なくリストラありという現象は、日本でも現実のものとなりつつある。しかし、日本人のキャリア観は従来とあまり変化しているようにはみえない。そのため、大企業で希望退職の募集が行なわれるたびに、不幸感や不公平感が従業員の間に広がるという問題が発生する。希望退職募集は絶好のチャンスと考える人はまだ多くはないのだ。

◆逆算型の人生設計は成立しにくい

キャリアにはもう一つ問題を複雑にしていることがある。仕事そのものが大きく変化するため、どのようなキャリア観をもったとしても逆算型の人生設計は機能しにくいのだ。

キャリアの目標を定め、そのために必要なことを勉強し、狙った仕事につくという、目標から現在やることを定める方法は、変化が激しい時代には適していない。目標から逆算して希望の仕事につけたとしても、学校を卒業して初めてつく仕事はやったことのないものなので、予想と異なることも多い。予想どおりだったとしても、仕事の中身がずっと同じとは限らない。目標どおりのキャリアを追求することは、考えていたようにはできないのだ。

たとえば人事勤労関係の仕事を例にあげると、九〇年代後半以降のアメリカでは、経営者から変化に素早く対応できる企業文化をつくることが強く望まれたのに、人事勤労の仕事に携わる人々が企業文化の変革を行なうために必要な知識やスキルを十分にもっていないという現象がみられた。これを端的に表わすのが、九六年ごろにいわれた「グッドニュースは、企業文化の変革という人事勤労分野の仕事に対する需要が増加していること、バッドニュースは、必要な知識とスキルをもった人が少ないこと」である。人事勤労分野の人の育成方法が時代に合わなくなり始めたのだ。企業戦略との連動性の高い人事勤労の諸制度の設計や運用が必要なのに、企業戦略に対する関心と知識が弱いという状況から、「人事勤労部門は病んでいる」と厳しい批判にさらされた。このような状況になれば、嫌でも仕事の内容は変化せざるをえない。

一方で、仕事を提供する場である企業も変化が大きい。企業間の競争も、昔に比べれば短期間のうちに勝ち負けが決まってしまう。Ｍ＆Ａは普通の事柄となり、いつのまにか自分の所属する部門が別の会社に売却されることも起きる。合理的に人生設計をしたと思っても、そのとおりにはならない。変化の激しい時代には、「こんなはずではなかった」がしばしば起こるので、きっちりとしたキャリアプランをつくることはかえって人生をむずかしいものにしてしまう。そうだとすると、逆算型の人生設計ではない別の方法を考えざるをえない。

(2) 適職は自分でつくるもの

◆「何になるか」から「何をしたいか」へ

逆算型でない人生設計が自分の価値基準、自分らしさにもとづくものであるとすると、目標は、部長や課長になることではなく、部長や課長になって何をするか、となる。やりたいことを成し遂げるためにポストが必要であれば、部長や課長になる。ポストは目的ではなく、手段なのだ。それゆえ、まず何をしたいかを考え、次に自分らしさが表現できる仕事は何かを考える。「医師になる」ではなく「病気で苦しむ人を助けたい」が先にあって、その目的を達成するために医師になるという順序である。したいことが「病気で苦しむ人を助ける」のであれば、薬剤師や看護師になっても、薬の研究者や車いすを製造する人になってもよいので、そのなかでいちばん自分に適しているものは何かを選択する。何をしたいかという目標から専門分野を選ぶことになるが、専門分野の決め方も抽象度が高いほど、フレキシビリティは高い。

パソコンのエンジニアを例にあげると、パソコン事業の業績が思わしくないので事業を中止することになり、エンジニアは液晶テレビ事業への異動を発令された。先述の「明日からサッカー」の事例である。このとき、優秀層の反応は三つに分かれた。①自分をパソコンの技術者と考え、腕に自信のあった人は、他のパソコン会社へ転職した。②自分をオーディオ・ビジュアル技術の専門家と考えていた技術者は、液晶テレビ部門に移った。パソコンにも液晶テレビにも自分の技術は使えるからで、大きな違いはないと考えたのだ。普段から、俺たちならもっとよいテレビをつくれると話していたくらいだ。③もっとも技術力の高い層は、いろいろな部門から声がかかり引き抜かれた。彼らは自分を、ハードとソフトの融合製品に強いエンジニアと考えていた。いまどきハードとソフトに強い技術者は引く手あまたであり、勧誘がたくさんあったのだ。

このように、自分の専門は何かという自己認識の違いで進むべき方向の選択肢は異なるが、自己認識の抽象度が高いほど、選択肢は多い。普段から自分の専門はなんだろうと、繰り返し考えることが自分の将来を決めるうえで大切である。

適職は、だれか第三者がつくるのではなく、自分でつくるものというほうが正しい。「自分に適した仕事」という言い方があるが、どんな仕事でも、上手に進める方法が一つしかないということはありえない。上達の方法が一つしかないということもない。必ず複数ある。そのなかから自分に合う方法を選べばよい。なければつくり出せばよい。典型的な人事屋とか営業マンという形があったとして、それに合わなければ成功できないということはなく、成功するのはむしろ新しいタイプをつくり出す人である。つまり適職をつくってしまった人が勝ちなのだ。

仕事と適性のミスマッチを防ぐためや仕事の選択の幅を広げることを目的に多くの企業が社内公募制やフリーエージェント制を導入している。これらの制度は一般に、自分に合った仕事をするチャンスをつかむための仕掛けとして有効と考えられている。しかし上手に制度を活用できる人は実はかなり限られている。たとえば人材開発という仕事はある意味、思い入れや過度な熱意が必要なので、そういう人を求めて社内外に人材を公募する。応募者はたくさんいても、現在の仕事や職場が嫌いな人は採用されない。現在の仕事が嫌いだと、プロとして必要な一般的能力が育っていない場合が多く、採用しにくいのだ。仕事の中身、必要な能力をよく考えずに、人材開発とはこんな感じの仕事だろうと勝手に決めて応募してくる人も採用されない。

人材開発には統計処理の専門家から脚本家までいろいろな人材が必要であり、特定のタイプだけが適しているというわけではない。採用されるのは、自分はこういう能力で人材開発という仕事に貢献できると言える人である。広く現代の企業はこうあるべきとか、こういう闘い方をすべきなどの意見があって、それで人材開発という仕事がしたいと言える人が望ましい。いつか教育という仕事につきたいと思っていたが、今回募集があったので現在の職場には申し訳ないが、思い切って応募しましたというタイプである。

したがって、社内公募制やFA制度は、仕事の不満の解消には思ったほど役に立たない。仕事に適している人が、より適した仕事につく仕掛けである。活用できる人は、その仕事につく前にすでにある程度の準備が終わっている、適職を自分でつくった人なのである。

◆偶然性を味方につけ必然化させる

繰り返し述べてきたように、人の生き方と職業選択は分かちがたい。したがって自分らしい人生を送るためには、自分らしい仕事とは何かについての考え方がある程度、整理されていないと問題がややこしくなる。しかし現在のように変化の激しい時代では、従来型のキャリア観ではうまくいかない。組織に左右されずに自分の人生を自分で決定できる、もう少し柔軟で逆算型でないキャリア論はないものか。そこに登場したのが「計画された偶然性」という考え方である。

スタンフォード大学のクランボルツ教授が、キャリアの形成に関して「計画的偶然性の理論」(planned happenstance theory）を発表したのは一九九九年である。この理論は、キャリアの八〇％は予期しない偶然の出来事により形成される。ただし自分にとって好ましい偶然の出来事が起こりやすいように日ごろから能動的に行動している人には、好ましい偶然が起こる可能性が高くなり、そうでない人にはあまり起きない。つまり偶発的にみえても、結果的には計画的に起きたように必然化できる。自律的にキャリアを切り拓いていこうと思ったら、偶然を味方につけ、キャリア形成にとって好ましい偶発的な出来事を自分から仕掛けていくべきだという考えだ（高橋俊介『キャリア論』)。

この理論は、多くの人のキャリアを分析して生まれたものなので、理論が発表されたときよりずっと前から、多くの人は「偶然を味方につける」ことを実行していたことになる。

偶然性を計画するとは、望ましい偶然が起こりやすい方向に身を寄せていくことにより、望ましいことが起こる確率を高めることである。端的に説明すれば、道に落ちているお金を拾うことはまれに起こる偶然だが、お金が落ちているかもしれないと思って、いつも道を見ながら歩いている人はお金を拾うことができ、そんなことは考えずにただ歩く人は拾うことができない。お金を拾うという偶然性の確率を高くしようと思ったら、足元をよく見ながら歩くほうがよいという考えである。

だがこの説明では、単に好ましい偶然が起こるのを待つのではなく、「自分のほうに引き寄せる」という計画された偶然性という理論の積極的な部分がうまく表現できていない。広々とした好奇心や、たゆまぬ追求心といった特性の必要性にも触れられていない。

だいぶ前になるが、クランボルツ教授の講演会が慶応大学で開かれた。ぜひ話を聴きたいと思っていたが、それに参加するかどうか思案した。次の週に名古屋でパネル討議に参加することになっていてその準備があること、さらにその翌週からはフィリピンと台湾に出張の予定があり、その準備もあったからだ。講演会に参加するにはかなりの努力をしなければならなかった。結局、がんばって仕事を片づけて参加したが、結果は、十分満足できるものだった。教授による子どものときからの体験談は、計画された偶然性の理論を理解するのにとても役に立った。しかしさらによかったことは、その後の懇親会で、拙著『Aクラス人材の育成戦略』を読んだという大学院の学生に会ったことだ。とてもおもしろかったと言ってくれたので、その後、しばらくとても幸せな気持ちでいることができた。こういうことがあると、次の本を書く勇気が出る。講演会に参加するという積極的な努力が、好ましい偶然を引き寄せてくれたのだといえる。

努力をしても報われない場合がある。しかし努力しないと報われる確率は小さいので、報われたければ努力したほうがよい。努力をする場合、漠然と努力するのとフォーカスを絞って努力するのとでは当然、焦点を絞ったほうが報われる確率が高い。フォーカスを絞って努力する場合でも、自分が好きなことに対しては努力を続けやすい。このように、結果が得られる確率の高いほうに向けて積極的に行動するのが、計画された偶然性である。体験的にも納得できる考え方である。

(3)　専門性とキャリア・パス

◆専門性は一人親方のレベルに応じて変化する

専門性とは「特定の職能分野での知識・技能」で、それによって報酬を得ることができるもの、というのが一義的な定義である。しかし、その意味するところは一人親方のレベルが上がるにつれて変化する。

レベル2では、マネージするものは自分と他人で、自分だけでなくほかの人の協力を得て結果を出すのが仕事である。この場合、他の人の協力を得る能力だけでなく、仕事を実行するのに必要なリソースを集めてくる能力や仕事の進み具合を管理する能力も必要になってくる。いわゆるマネジメント能力も専門性に含まれてくる。レベル3になればマネージする対象にビジネスが加わる。レベル3では、異なる職能分野の専門家の協力を得てビジネスを成功させるのが仕事になるので、編集能力とでも呼ぶべき、いろいろな専門能力を統合して結果を出す力が必要になる。

週刊誌の編集長は、自らは写真も撮らず小説も書かないが、いろいろな専門家の力を集めて、自社らしい特徴をもつ週刊誌をつくり、週刊誌というビジネスを成功させなければならない。同様に、会社のある部門の長であれば、自分の専門分野だけに関心を払うのではなく、その部門の専門能力をビジネスの成功に役立てることが仕事になる。工場の設計部長であれば、製造部門や検査部門の協力を得るだけでなく、開発目標の設定に営業部門の協力を、必要な人材確保のためには人事部の、開発費の入手には経理部の力を借りたうえで、ビジネスに貢献できる商品を設計しなければならない。ビジネスをマネージするためには専門性の一部に編集能力が不可欠になってくる。

そのため、レベル2から3への分岐では、編集能力を高めてビジネスをマネージする方向に進むか、それとも専門分野のなかの一部の分野にフォーカスしてより高度な専門家をめざすかの選択をせまられる。レベル3から4へは「変化をつくり出す能力」が選択のポイントになってきて、専門性の一部に、大きな絵を描く能力や語り部としての能力などが必要になってくる。

このように専門性の意味合いはポジションの変化とともに「特定の職能分野の知識・技能」から次第に、それプラス「特定のレベルの仕事をするのに必要な能力」を含むものに変化する。キャリア・パスを考えるうえで、どういう能力を身につけるかをイメージしておく必要がある。

進むべき方向を自分で決めて歩き出し、自律した専門家である一人親方にある程度なれたとしても、さらに遠くの旗、自分らしい職業人生活を送るという目標がすぐに達成できるわけではない。前提条件として考えていた環境条件が突然に変化し、目的の旗に到達するまでの道のりを変更しなければならなくなることもしばしば起こるからだ。

どういう人生を送りたいかというテーマについての考えも経験とともに変化し、何になりたいかが変わることもある。したがって場合によっては目標そのものが動くことも想定しておかなければならない。

◆ないと思うな、運とローテーション

私の場合、前提条件が大きく変化したのは、資材部門へのローテーションだった。フランスから本社に戻って人事部の教育担当副部長になった四ヵ月後に国際調達部の副部長を命じられた。これには驚いた。異動があるとしてももっと先で、人事勤労の分野内だろうと思っていたからだ。異動の理由は、部長クラスの部門間ローテーション制度導入の第一陣に適任というものだった。私だけではなく、ほかに二人が経理部門から資材へ、資材から経理へと異動になった。

国際調達部での仕事は、国際調達と日米半導体交渉にかかわることで、業界団体関係の仕事が含まれた。当時は、日米半導体摩擦の真っただ中で、半導体のユーザー側の意見を反映させるための団体ユーザーコミッティ、通称ユーコムがあり、その代表は各社持ち回りで、次は日立製作所の番だった。そのため資材担当の副社長をサポートし、代表としてのコメントや挨拶の原稿を作成し、あわせてユーコムの運営委員会の委員長として各社と意見調整のうえ、ユーコムの活動を企画立案し、アメリカ側と民間企業同士の交渉を行なう人が必要だったのだ。

気持ちは複雑だった。個人としては、人材育成策としての部門間ローテーションには賛成だったが、「どうして私が」という気持ちはぬぐえなかった。アメリカとは大きく異なるヨーロッパという世界をみたことにより、戻ってから人事勤労関係の仕事でやりたいこと、このように変革すべきと思うことがたくさん溜まっていた。人事勤労屋としてローテーションに総論賛成各論反対というわけにはいかないが、部門間ローテーションが成功する確率があまり高くないことも承知してい

た。気の進まない異動だった。

しかしいま振り返ってみると、この異動は個人にとって有意義だった。ユーコムの活動は単なる業界団体の活動ではなく、広い意味で外交交渉の一部であり、外務省や通産省（現・経済産業省）との折衝も含まれ、多くを勉強できた。日米の業界が共同声明を出すのに、英語の単語やセンテンスをめぐって一晩中、議論することも経験し、改めて単語一つひとつがもつニュアンスを把握する重要性を認識した。ユーコムの仕事の終了後に国際調達部長になり、さらに人脈が広がり、契約書に関する知識も増えた。日立アメリカ時代、売る側の契約書にたくさん目を通したが、今度は買う立場の契約書をたくさんみることになった。その結果、英文契約書の成り立ちや条文の意味をより立体的に理解できた。

海外で仕事をする際は時々、「おれの拳銃は速い」というところをみせる必要に迫られる。それは、契約のプロであり、海外流に慣れた国際調達部の若手に、「人事勤労部門からきた素人」に一目おかせるうえで有効だった。さらに、国際調達部の海外拠点は全部独立採算で、日立製作所向けに資材を購入するつど支払われる手数料で人件費を含むすべての費用を賄うことになっていたので、ある意味では中小企業を経営するのと同じだったが、アメリカとフランスで現地法人に勤務した経験が大いに役立った。どちらもオペレーションの大きさは、中小企業だったからだ。

キャリアという側面から考えると、国際調達部の経験のお蔭で、いつのまにか人事勤労という職能でくくられるキャリアから、もう少し幅の広い経営という業務にウエートがかかったキャリアへシフトしたことになる。考え方の面でも、資材部門に不案内な素人が、全社の国際調達の専門家に向かって円高対策として国際調達比率を上げよと号令するので、資材という分野にとらわれない別な切り口が必要だった。またそうでなければ、ローテーションの意味がないと考え、課題への戦略的なアプローチを心掛け、勉強もした。よく考えれば、少しむずかしいことにチャレンジするのが好きな私に、ぴったりの異動だった。

長期戦に耐えるには、環境変化に柔軟に対応する必要がある。遠くの旗への到達経路も状況に合わせ変更しなければならない。以下は、国際調達部への送別会での人事担当役員の挨拶である。長期戦を乗り切るのに実に必要な心構えだったといえる。

「いつまでもあると思うな、妻と部下。ないと思うな、運とローテーション」

2　人が育つのに必要な三つの力

(1)　育てる力を利用する

人が育つには三つの力が必要である。「育てる力」「育つ場」「育つ気持ち」である。育てる力とは、教育プログラム、上司の指導、同僚のアドバイスなど、育つのを手助けしてくれる方法などである。育つ場は、仕事、家庭、地域社会など、成長に役立つ経験ができる場所である。広く社会全体や会社という組織が提供するものだが、家庭や趣味など、個人が自分でつくれるものもある。育つ気持ちは、成長したい、成長しようと思う意志で、これがなければ成長はありえない。馬を水辺につれていっても喉が渇いていなければ水を飲まない。育てる力があり、育つ場が準備されていても、本人がその気にならなければ、成長はない。その意味で成長にはもっとも必要なものである。

◆研修は、上位の仕事をするための準備運動

育つ気持ちになるには、ああなりたいという目標がどうしても必要で、したいことがはっきりしない場合は抱きにくい。憧れる名選手やスター、アイドルは自分との距離が遠いので、大人は目標にはしないが、子どもはそんなことは問題としないので、十分目標になりうるし、効果もある。一般の大人は、もっと身近な場所に参考とすべき人を見つける必要がある。自分のモデルとなりうる、すでに組織内一人親方として活躍している人がよい。自分が組織内一人親方として一定のレベルに達したあとは、自分のつくったネットワークのなかに良きライバルを見つけ腕を競いあうのも、育つ気持ちのもとになりうる。目標とモデルと競争相手は、育つ気持ちに必要な要素である。良い見本も、自分で育つ手助けになる。

家業の場合は、良い点も悪い点も十分に見ることも、見せることもできる。子どもがあとを継ぐ気になった場合は成功の可能性が高い。サラリーマン、サラリーウーマンの親は子どもの見本になりにくい。働いている姿を見せる機会が少ないからだ。

同じサラリーマン、サラリーウーマンでも、同族企業の場合はうまくいくケースが多いといわれる。経営学の理論では、これは企業の所有者である株主と、株主に代わって経営する人が同一で、

エージェンシー問題（代理を頼む人と代理をする人の利害の不一致問題）が発生しにくいためだという。先代、先々代といった人たちのやり方が見本になり、恥ずかしくないようがんばらねばと、目標とも競争相手ともなり、育つ気持ちを鼓舞するもとになっていると考えられる。

育てる力の代表は、研修プログラムである。変革型リーダーを育てるにはどうしたらよいかを研究する過程で明らかになったことのひとつに、成功したリーダーは一皮むける経験をしているという発見がある。困難な仕事を比較的若いうちに経験させるのが、人を育てるうえで大切なのだ。日本で一九八〇年代に人が育ったのもこの原理による。そうだとすると、将来有望と思われる人に計画的に困難な仕事を割り当てる人事が重要になる。

だがいきなり困難な仕事を与え、つぶれてしまっては元も子もない。準備が必要である。泳ぎを教えるのには、畳の上でいくら練習しても効果は薄い。海やプールで練習するほうがよい。だからといっていきなり海に飛び込ませたのでは、心臓が麻痺したり足がつったりしかねない。準備運動は必要である。そこで困難な仕事に配置換えする前に、選抜研修のような形で準備運動をさせる。これを誤解して、選抜されただけで天狗になってしまう人や、選抜されなかったと落胆してしまう人が出る。そういう人は育つ可能性が低いが、あくまでも本来の機能は準備体操であり、教育である。

訓練や研修が次の仕事の準備運動という要素をもっているがゆえ、提供された教育の機会を逃してはならない。女性のなかには、「日ごろ育児のために残業をせずに帰っていて周りに負担をかけている。そのうえ教育で職場を離れるのは申し訳ない」と研修参加を遠慮するケースもみられるが、より上位の仕事をするための準備機会を放棄するに等しく実にもったいない。もっと広い範囲の仕事やむずかしい仕事を引き受けられるようになって、チームに普段の恩返しができるのに、その機会を失っている。パイプラインの詰まりという視点からも、いつまでも成長しないと、あとからくる人の迷惑になるという感覚がないと困る。組織内一人親方に自分で育つという目標を達成するためには、教育・訓練という準備体操の機会を放棄してはならない。

(2) 育てる場がもつ特徴を生かす

◆おもしろい仕事の比率を高める

育つ場はいろいろあるが、もっとも有力なのは仕事である。「できればおもしろい仕事だけしたい、そうなれば人生はとても楽しいはずだ」と普通考える。しかし、仕事は自分に都合のよいものばかりで成り立っているわけではないから、おもしろい仕事だけするわけにはいかない。達人の域に達している人であれば、どんなつまらない仕事のなかにも、自分の能力の向上につながるテーマを発見できるかもしれないが、普通の人はなかなかそのような心境には到達できない。次善の策はできるだけおもしろい仕事の比率を増やすことだが、どうしたらそれができるだろうか。

いつか行きたいと願っていると、その思いはかなうと考える私は、あまりおもしろくない仕事も、やがて回ってくるであろう、おもしろい仕事に到達するのに必要な途中の道筋だと考える。仕事は数珠のように連続していて、おもしろい仕事という珠は、そうでもない仕事という珠の間にところどころ挟まれている。それゆえ、おもしろくない仕事もやらなければおもしろい仕事にたどりつけない。いわば、おもしろい仕事にたどりつくためのルートの一部である。そう考えると、早く片づける工夫をしたり、おもしろい仕事に使えそうなテクニックを試したりと、楽しんで取り組める。

計画された偶然性の考え方に従えば、いろいろ出会う仕事をしながら、仕事を通してできた人間関係や覚えた知識を使って、少しずつやりたい仕事にめぐり会う確率を高めていくよう行動するのがよいということになる。私がそう思うだけでなく、計画された偶然性の理論も、そして戦略は偶然に発見されたり自然発生的に創造されたりすると考える戦略理論も、仕事は選り好みしないほうが、おもしろい仕事に行き着けると言っている。私は、能力の向上につながらないようにみえる仕事も積極的にやるべきだ、そのほうがおもしろい仕事に早く行き着くと確信する。嫌なことをさせるための詭弁と受け取られてしまうかもしれないが、本当のことなのだ。おもしろい仕事と、能力の向上につながりそうにみえない、つまらない仕事の両方に取り組むべきである。

おもしろい仕事とそうでもない仕事がつながっている理由は、チームを率いる仕事に携わるとよくわかる。チームのメンバーに仕事を割り振る場合、リーダーは、仕事を効率よく進めるという短期的テーマと、チーム全体の仕事の能力を向上させるという長期的テーマのバランスをとることが要求される。新人にも少しずつむずかしい仕事を与えなければならない、ベテランにはプロジェクト全体をみられる仕事の機会をつくらなければならない。そのためにはだれかに、あまりおもしろくない仕事も割り振らなければならない。あまりおもしろくない仕事を嫌な顔をしないで引き受けてくれた人には、次の機会にはおもしろい仕事で報いてあげなければならないが、約束はできない。そこがむずかしいところだ。しかし、次にはおもしろい仕事を回そうと心掛けることは間違いない。リーダーの仕事とはそういうものなのだ。

仕事はいろいろな種類のものが連続して流れてくる。能力の向上に役立つものもあれば、そうでないものもある。能力向上には役立たなくても、能力の伸長ぶりが判定できるものもある。前回はこのタイプの仕事に苦労したが、今回はうまくできたとか、従来は三日かかったものが二日半でできるようになったなど、指標として使えるものがそれである。繰り返し現われないと指標にならない。そういう意味で、おもしろくなさそうに思える仕事のなかに指標になる仕事は潜んでいる。好きなことにこだわるのは間違いではない。おもしろい仕事を追いかけるというのも正しい。しかし、おもしろくなさそうにみえることにも取り組む価値がある。

◆産業構造も働く場も三十年あれば変化する

人が仕事を通して成長しようとするとき、働く組織が大きいか、小さいかで事情が異なる。どちらがよいかは一概に判断することはむずかしく、特徴を理解したうえで自分に適したほうを選択する以外にない。

中小企業の良い点は、なんといっても一人が分担する仕事の範囲が広いことである。一人前になれば、ある分野を丸ごと任せてもらえる。先生やコーチの役をしてくれる人が少ないので自分で考えて仕事をしなければならず、思わぬ遠回りもするが、比較的自由に仕事ができる。一方、大企業の場合は、どうしても仕事の分野が細分化されやすい。一つの分野全体が任されるのは課長になってからである。先生やコーチはたくさんいるが、姑小姑が多いともいえる。過去の教訓が積み重ねられて制度ができているので、それを変えようとすると多大なエネルギーが必要である。

人が育つうえでの利害得失はそれぞれである。肝心なのは、新しいことに挑戦する勇気だ。組織も長い間には変化する。学校を卒業してから定年まで会社に勤めるとすると、三十年以上働くことになるが、三十年は、一つの国の産業構造が大きく変化するのに十分な長さであり、主流となる産業も交代する、会社の淘汰も起こる。一つの会社に勤務したとしても、主流製品も脚光を浴びる仕事も大きく変わる。実際、企業の全盛期は平均三十年という説がある。大学生に就職先として人気の高い産業は、そのころが全盛期でその後、衰退するという説もあり、ある程度当てはまる。

最近ではM&Aも普通のことになり、会社や事業部門の、売ったり買ったりが頻繁に行なわれている。同じ会社にずっといられる保証はない。安定しているようにみえる公務員でも、たとえば市町村合併やらでポストの削減はまぬがれない。変化を当然と考え、新しい職場や新しい仕事に向きあう勇気をもたなければ、三十年以上働くことはできない。変化を要求されるということは、自然に成長できることでもある。大変ではあるが、それも組織に所属するメリットである。

個人同様に、組織もまた成長する。組織の成長にともない必要とされる人材は異なってくる。ベンチャービジネスも、成長して株式を市場に上場するようになれば、起業家タイプの人ではなくマネジメント能力の高い経営者が必要になる。中小企業で起こる問題の多くは、会社の成長に制度や人材が追いついていかないために発生する。百人前後の従業員でうまくやっていた会社も、従業員が三百人を超えるとトラブルが発生する。百人規模ならお互いがよく知りあえる規模なので、コミュニケーションの問題はあまり発生しないが、三百人ともなると情報伝達のルートや役割分担を整備しないと問題が生じる。一千人ともなれば、三百人の時代には個別に対応できた問題について制度的な解決を迫られる。退職金規定だとか、昇格や賞与支給の考え方など、整備しなければならない規則や制度も増えてくる。

◆企業の発展段階に応じて必要な人材像は変わる

会社が小規模であったころは有能と目された人も、小企業が中企業の段階に成長するころには、専門知識の面で物足りないということになりがちである。個人が組織の成長とともに成長できれば問題ないが、そうでなければ中途採用がなされ、新しく入社した人材と古くからいる社員の間に軋轢が生まれたりする。

人間は部品ではないので、企業の発展段階に応じて人材を組み替えることは、労働市場の流動性が高いアメリカでもむずかしい問題のひとつであり、理屈どおりにはいかない。小さい組織で活躍しようと思えば、企業の発展段階と必要な人材の関係を十分心に留めて、企業の成長に自分の専門性の成長が遅れないようにしなければならない。規模の変化にともなう問題点についての心構えもあらかじめつくっておくべきである。

成熟した大組織に勤める場合は、変化の幅が一層大きいとあらかじめ覚悟すべきかもしれない。小さい組織であれば、産業構造の変化に機敏に対応できるが、大きい組織は舵の利きが遅いので、どうしても構造変化の影響を大きく受けやすい。対応が遅れる分、対策は抜本的なものにならざるをえず、新会社を合弁で立ち上げたり、特定事業部門の分離・撤退など、個人の人生に大きな影響を与えるものになりがちである。

それだけでなく、大きい組織のほうが、個人の生活が変化に富むものになる性質をもっている。たとえば転勤は、中小企業では事業所の数が少ないので、相対的に起こりにくいが、大きい組織では普通のことである。子どもの教育問題その他で嫌われることも多いが、そこに住んでいろいろ経験することで得られる情報の量は、旅行で立ち寄るのとは比べものにならないほど、圧倒的に多いため、転勤によってより味わい深い生活を経験できる。転勤とともに仕事の範囲や内容も変化するので、新しいことが勉強できるともいえる。

仕事の面でも選択の幅は大きい。組織が大きいゆえに必要な業務もたくさん生まれるからだ。海外駐在員がアメリカに一人、ヨーロッパに一人、アジアに二人という規模であれば、詳細な海外駐在員規定は必要ないが、駐在員が百人以上ともなれば、子どもの教育問題ひとつをとっても地域別・国別の対応が必要になり、教育手当をはじめいろいろな制度をつくらざるをえない。

当然のことながら、仕事の種類がたくさんあるので、個人もいろいろな仕事を経験する機会に恵まれる。私の場合は、アメリカやフランスに住むことができたというだけでなく、職能分野でいえば人事勤労と資材、それに営業を経験できた。人事勤労部門の仕事の一分野である賃金に限っても、工場で請負制度という能率給と、職務給という仕事に直接連動する給与について勉強し、本社では部課長の処遇制度を理解し、アメリカではゼロからジョブ・グレード制という職能給制度をつくることができた。さらにフランスでは、その改良版も導入できたのだから、少しは専門家らしいセリフをはいても叱られないくらいになった。これも大きい組織で働くメリットである。

才能に富み、何がやりたいかはっきりわかっている人は別にして、普通の人が仕事のうえで変化に富む経験をしたいと思えば、大きい組織を選ぶほうがよい。早く幅広い経験をしたいと思えば、小さい組織がよい。企業経営全体を早く理解したいと思えばベンチャーがよい。ただし、どれを選択しても変化というリスクはつきものであることは覚悟しなければならない。

(3)「育つ気持ち」が何より大切

◆腕前を認めあうネットワークをつくる

自分で育つためには、育つ気にならなければならない。何がしたいかわからない場合は、「撃て、狙え」でまず歩き出す必要がある。歩き出してみてわかったことにより、方向を修正するほうが、歩き出さずにじっと考えているよりは正解を見つけやすい。

キャリアのように長期にわたる、環境変化の影響を強く受けるテーマに対処するには、初めからすべては計画できないと考えて、おおよそのことだけを決めて行動すべきだ。そのときに必要なのが、おおむねこちらの方向というような曖昧な目標でも、不安がらずに計画を立てて実行に移す能力である。育つ気持ちには、まず歩き出すという要件がある。おおよそのことを決めて歩き出したら、周りをよく観察し、状況に応じて計画を修正しなければならないからだ。この覚悟なしに歩き出すのでは、単なる楽観主義にすぎない。「だいたいこちらの方向」と決められる能力と、しなやかに方向転換できる能力を兼ね備えた実行力が求められる。

計画を立てて本気で実行すると、思わぬ幸運にめぐりあうこともできる。急に道が開けたりするので、まず歩き出してみるという作戦は案外、成功をもたらす。幸運にめぐりあう経験をすると、自分で目標を立てて実行することが好きになる。

育つ気持ちを刺激するものに競争相手の存在がある。歩きながら競争相手を見つけるとよい。ある分野の専門家として、先輩や同僚、後輩といった人々と競争するときに大切なのは、お互いに腕を磨きあう姿勢である。地位や昇進を競うのではなく、同じ分野に属する仲間として、お互いの技術の向上を比べあう態度である。仲間の腕前の評価は、厳正に行なわなければならない。

現代の労働組合の源流である職人の組合は、メンバーになるのが大変だった。親方のもとで見習いとして修行し、その後、さらに一定の経験を積んで初めてメンバーと認められる。職人組合は閉鎖的で自由な職業選択の妨げとされるが、品質管理上、必要な仕組みだった。一般の人にとっては、たとえば洋服の仕立て屋や石工といった専門家の腕前の判定はむずかしい。必然的に組合がしてくれる品質保証に頼ることになる。仲間内なので、情実が絡みやすいとか、新規参入を制限し、既得権益を守りがちという欠点はあったとしても必要な機能だった。この品質保証がいいかげんであっては、安心して仕事を依頼することができない。よって腕前の評価は厳正でなければならない。

専門家による専門家としての水準判定という機能は、現代でも維持されることが望ましい。医師の資格審査がいいかげんでは困る。ほかの職業でも同様である。昔の西鉄ライオンズ（現・西武ライオンズ）の黄金時代の遊撃手で最近、亡くなられた豊田泰光さんが、どこかに書かれたことでとても印象に残っている話がある。それは、豊田さんがライオンズから国鉄スワローズ（現・東京ヤクルトスワローズ）に移ったときのエピソードである。一見、むずかしそうにみえるが簡単なゴロを捕り損なったら、ほかの内野手がドンマイ、ドンマイ（気にするなの意）と言ったとのこと。それで非常にがっかりしたそうだ。なぜならライオンズでは、そんなゴロをエラーしようものなら、周りの選手は、そんな打球も捕れないのかと冷たい視線を浴びせたはずだからで、優勝を争うチームから、いつも下位に低迷するチームに移ったことを実感したという。仲間の厳しい評価がないところには、高い技術は生まれない。尊敬する先輩にほめられればとてもうれしいが、ヘボな先輩にほめられてもあまりうれしくないものだ。

キャリアを形成するとは、お互い腕前を認めあう人のネットワークをつくる作業でもある。専門分野を選択し、そのなかでも得意なこと、好きなテーマを見つけ出す。そして評価能力のある人を見つけ、自分の実力を評価してもらう。本当の友だちにならないと、本当の評価は聞かせてもらえない。同じ分野の社内の専門家、他社の同じ分野の人というように、キャリアの成長とともに、少しずつ人脈を広げていく。このとき、腕前を厳正に評価できないと、でき上がったネットワークはよいものにならない。友だちの友だちが自分の友だちであるためには、仲間の腕前をきちんと評価できる友人であることが求められる。ネットワーク構築能力の基本に、腕前の評価能力がある。

キャリアを支えるネットワークが昔の職人組合と違うところは、ネットワークへの参入が開かれていることだ。開かれていないとネットワークは広がらない。人の専門分野もキャリアの積み重ねとともに範囲が拡大する。専門といえる分野も、一つにとどまらない。私も、海外勤務のお蔭で異文化コミュニケーションや日本的経営という分野に関心をもつようになった。仕事も、人事勤労分野から国際調達に移り、海外の会社のＣＥＯを経験した。専門といえる分野は、いつしか人事勤労よりも、もう少し枠組みの大きい経営に関係がある事柄に変化してきている。そういう意味では、プロ野球というビジネスを取り巻く生態系があるように、それぞれの専門の仕事を取り巻く生態系が存在する。その生態系のなかで専門分野もネットワークも広がっていき、ついには隣の生態系と接続する。自分で育つためには腕前を認めあうネットワークをつくる必要がある。

3　自分に対して発揮するリーダーシップ

(1)　リーダーは自分、フォロワーも自分

戦略目標を立てて闘い方も決め、戦略成否の判定基準も定まれば、あとは実行あるのみだが、実

行はそう簡単ではない。実行がうまくいかないのは、そこにリーダーシップが関係しているからだ。

リーダーシップというと、リーダーが先頭に立って発揮するものというイメージが強すぎると第3章で記したが、リーダーシップは何かを変えるときに必要なものなので、自分を成長させようと思えば自分に対しても発揮することが求められる。物事を実行するとは、実行前の状況を実行後の状況に変えることなので、そこにも当然、リーダーシップが必要である。

一人親方のレベル2以降は、「他人のマネージ」が要求されるので、リーダーシップは一人親方の基本的な能力なのだが、ほかの人に協力してもらうためには、専門性だけではうまくいかない。立場や意見の違いを調整する能力が必要になる。最近の新人課長やその候補生には、他人に対する接し方がよくわからないという不安を抱えている人が多い。自分らしさ、自律性が専門性ほどには伸びていないのがその理由である。別な表現をすると、「静かな自信」とでも呼ぶべき、自分に対する信頼性のなさが原因である。静かな自信があれば、地位という権力や専門性を振りかざして、相手に賛成を強要するなどの不適切な行為をしなくてすむ。この静かな自信のもととなるのが、自分で計画したことが実行できたという経験の積み重ねであると、リーダーシップ理論は教えている。

◆リーダーらしく、かつフォロワーらしく行動したか

リーダーシップを自分に対して発揮する場合は、リーダーは自分で、フォロワーも自分である。ここで肝心なのは、リーダーとしての自分はリーダーとしてするべきことを、自分というフォロワーにきちんと行なったかどうかである。一方、フォロワーである自分はフォロワーとして、リーダ

ーに指示された、なすべきことを行なったかも同様に重要なポイントである。

リーダーの役割の基本は、「構造づくり」と「配慮」である。なぜ計画したような内容を実行するべきと考えるのか、実行しないとどういう困ったことに直面するのか、実行するとどんな良いことが起こるのかなどをフォロワーが納得できるように説明し、フォロワーにはどんな行動をとることを期待しているかを明示しなければならない。また、実行の途中、途中でフォロワーを元気づける行動をとらなければならない。そしてリーダーとしての自分が、それらの行動を実際に行なったかどうかを問わなければならない。

フォロワーは、「また計画倒れに終わるのでは」という疑念を最初は抱いているので、リーダーの説明をよく聴いて、疑問な点は質問し、これならできそうだと思うまでは実行に手をつけないことが必要である。あやふやな気持ちで始めては、フォロワーの責任を果たしているとはいえない。リーダーの行動を判定するのはフォロワーの役目であり、途中で計画を変更すべき状況が発生したら、そのことをリーダーに進言する役割もある。

そして計画の終了時には、目標が適切だったか、目標は達成できたかを判定する。評価の結果が合格であれば、自分というリーダーの信頼の貯金が一つできたことになり、不合格であれば、信頼が一つ減る。けれども、第4章の「負けた側がよく学ぶ」で説明したように、失敗の原因をよく分析し、次にはどうしたらよいかが理解できれば、信頼は失われない。

この信頼という貯金がたまって初めて、リーダーはリーダーになれるというのがリーダーシップ信頼蓄積論である。当然のことながら、やさしい目標を達成しても大した貯金にはならない。むずかしい目標を達成すれば大きくたまる。リーダーシップは、子どものころから鍛えることができる理由がここにある。自分で計画したことを実行した結果、たまった貯金が自分に対する信頼の源泉で静かな自信を生むもととなる。自分で計画し実行するというプロセスが大事なのはこのためだ。自分を自分で信じられなければ他人を説得するのはむずかしい。当然のことである。

◆100日プランの策定と実行

私のセミナーでは、よく100日プランを作成させる。セミナーで習ったことを実際の場面でどう使うかを考えさせるためだが、自分で計画し実行することの練習でもある。100日プランのもととなる考え方はリ・エントリー・プログラム（大気圏再突入計画）である。宇宙から地球に帰還する際、再び大気圏に入るときに高温が発生するのでトラブルが生じやすい。それを防ぐ意味でいろいろな対策を講じる。同様に研修も、通常とは異なる環境で学び、再び職場にリ・エントリーするときに、いろいろな問題が発生する。習ったことを職場の状況を勘案せずに使おうとする、習ったことと実際とは関係がないとして、せっかく研修で習ったことを忘れてしまう、などがその代表である。これらへの対策についての研修をリ・エントリー・プログラムと呼んでいる。

経団連グリーンフォーラムという課長対象のセミナーでも、約一年間の研修の最後に100日プランをつくってもらっているが、最近は上手につくれる人が急激に減ってきている。日ごろ、でき上がった計画を実行させられているため、自分でつくるものというイメージが不足しているのか、わくわくするプランが少ない。１００日プランをつくるというカリキュラムを導入した初めのころは、実行が大変そうだがおもしろい案がいくつもあった。達成のあかつきには自分への褒美として７５０ccの大型オートバイを買うと決めて、百日後にさっそうとオートバイに乗って会合にやってきた事例もあれば、減量に成功しプロポーズ、結婚できたというものもあった。

また最近は、実行可能性が担保されない計画も多い。すべきことを並べるのが計画で実行は別と考えるのは、やりたいことがよくわからない結果か、計画を立てて実行するという経験が不足しているかのどちらかだが、計画の立て方の指導が課長クラスに必要とは少し情けない。しかし実際、そうなってきたため対策が必要で、以下に計画の立て方をまとめた。ぜひ参考にしてもらいたい。

〔準備作業〕

①学んだことで今後の人生に役立ちそうだと思ったことを三つ、会社で役立ちそうだと思うことを三つあげる

②そのうえで、従来と行動を変えなければいけないと思われる点を、個人生活と会社生活に分け、それぞれ三つあげる

③市場の動向、競争相手、強み弱みを自分の所属する組織と自分自身について整理する

（①～③は戦略でいえば内外コンテキストの分析に相応する）

④上記①～③を勘案のうえ、とるべき行動を考え、優先度の高いものから順に五つ並べる

⑤実行することのシンボルとなるようなイメージ（話題になった映画、小説など人、物、エピソ

ードなどから選ぶ）を定める
〔計画〕形式は自由だが、以下の項目を必ず含める
・起算日（計画を実行に移す日）
・第一日目にすること
・第一週にやり終えること
・三十日以内に完了すること
・三十日以内に完了するために必要な対策
・三十日以内に完了できた場合にすること
・六十日以内に完了すること
・九十九日目までに完了すること
・百日目にすること
・フォローアップ（プラン実行後、およそ百日以上経った時期に、１００日プラン報告会を実施）
〔計画の点検〕計画を以下の項目につき自己採点し、もう一度見直す
①従来と変えなければいけないと思われるとしたことが、計画に反映されているか
②学んだことが計画に反映されているか
③リーダーとして必要なことをフォロワーである自分に対して実行しているか
④人事異動や家庭生活に大きな変動があっても実行可能な計画になるよう工夫されているか

実際は、以上の指導をしても、１００日プランをうまく計画できる人は多くない。準備作業にくたびれて計画を深く考えることができない、目標のわくわく度が足りない、新しい計画はたくさん立てるがやめることを考慮していない、などが共通する特徴である。また、１００日プラン報告会に出席し実行結果をリポートできる人も少ない。「自分で計画し、実行する」練習が大切なことを物語っている。

(2) 状況に応じて対応の仕方を変える

◆部下の成熟度や職務特性などを考慮する

状況的リーダーシップ理論が、「リーダーがみがみ言うのは業績が悪いからで、業績が良ければその必要はないのではないか」という疑問から生まれたことを第3章で説明した。リーダーの行動が状況によって異なることを発見したF・E・フィードラーは、「状況がリーダーに好意的かどうかでリーダーシップのとりやすさが異なる」と考えた。好意的とは、①リーダーと部下の関係が良い、②やるべきことが明確である、③実行に必要な権限がある、の三つがそろっている状態である。好意的であれば業績はあげやすいというわけだ。実際は、部下との関係が悪ければリーダーは改善努力をするので（「構造づくり」と「配慮」のような行動）、好意的かどうかと業績が直接的には結びつかないが、状況とリーダーシップの関係を考えることの必要性を指摘した点で、評価に値する。

部下の成熟度によってリーダーは対応を変えるべきと考えたのは、ハーシーとブランチャードである（一九七七年論文）。成熟度とは、能力と意欲で判定される。たとえば能力も意欲も十分でない未熟な部下には指示命令型でよい、能力は高いが意欲に欠ける部下には課題の取り組みに巻き込む参加型がよい、などがその対応策で、経験を積んだマネジャーが納得できる理論である。

部下の成熟度以外にも考慮すべき「状況」はいろいろある。たとえば職務の特性があげられる。職務記述書で規定された職務の範囲が狭ければ、リーダーがフォロワーに期待することとして広い範囲を提示しても、実力的に、あるいは職務権限上、実行できないことが出てきてしまい、かえって動機づけに悪い影響を与えかねない。また、マニュアルや作業指示書が整備されていたり、指導員が配置されていれば、それらがリーダーの指示の代わりをするので、リーダーは細かいことを言わなくてもすむという「状況」もある。

リーダーが意思決定する際に、どのくらい部下の意見を取り入れるかということも影響する。通常、上司は広い範囲の問題を取り扱うので、特定の課題（人事勤労部門でいえば年金と昇給制度の関係など）については部下のほうが詳しい場合も多い。そのため部下の意見をとりあえず聴く必要が出てくる。採用するかどうかは別途判断するとしても、今後の議論にどの程度参加させるかは、決めたほうがよい。これも「状況」のひとつである。

「リーダーは、状況に応じて、対応の仕方を変えなければいけない」という説はわかりやすい。しかし、直面する「状況」の種類が多いとなると、そのすべてに対応することは、現実的ではない。

状況の研究が指し示すことは、リーダーが一人ですべての状況に対応するのではなく、不得意な部分はだれか得意な人の応援を受けるべき、と理解するのがよい。実際、社長と副社長、社長と経理担当役員、工場長と総務部長など、その組み合わせに配慮するのは人事政策上、当然のことである。「サブリーダーは、補完的関係にある人を選ぶ」が、状況に対応する方策のひとつである。

◆リーダーが答えをもっているとは限らない

状況に応じてというが、どちらの方向に進むべきかわからないという場合に、リーダーはどのように対応すべきであろうか。

「売れる洗濯機をつくる」という課題が設計部門のリーダーに与えられたとしよう。リーダーは答えをもっていない。どういう洗濯機をつくれば売れるかがわかっていれば、家電メーカーの設計者は苦労しない。汚れがよく落ちる、洗剤の使用量が少ない、大量に洗える、生地が傷まない、水の使用量が少なくてすむ、音が静か、などいろいろな答えがありうるから、わからないのだ。組み立てがやさしいとか、破棄するとき分解しやすいとか、環境に対する影響が少ない、などもある。

それゆえリーダーは、当社の考える売れる洗濯機はこういうものだという答えを、何らかの方法で見つけ出す必要がある。自分の見解があったとしても、営業部門やマーケティングの専門家、実際に使っている人（専業主婦、共働き夫婦、単身者、老人など多岐にわたる）、製造に携わる人など、多くの意見を聴いたうえで、「当社の洗濯機はこれ」と決めなければならない。そうなると、リーダーの仕事は、「答えのわからないことに、答えを見つけること」になる。

問題は、いろいろな人の意見を聴いて民主的に結論を出せば売れるかというと、そうとは限らない点だ。みなの意見を平等に取り入れたのでは、特徴のないものになり、他社の製品と差別化ができない。単に意見を聴くだけでは問題は解決しないのだ。それでも、ピカッと光る売れそうな製品（売れるかどうかは消費者が決めることなので、答えが定まっても正解かどうかはわからないが、「これが正解」とリーダー以外の人も思えるもの）というところまでは、たどりつかなければならない。そのためには、「私はこう思う、いやそうではない。なぜなら」と、意見を闘わせることによって、「お互いの思考が刺激され、何か新しいものが生まれる」ような状況をつくり出さなければならない。そしてそのアイデアにみなが、「これならいけそうだ」と賛同することが求められる。このプロセスを実行するために必要なテクニックが、チームビルディングの技術だというのが私の主張である。

the end of leadership（リーダーシップの終焉）とは、ハーバード大学でリーダーシップの授業を担当しているバーバラ・ケラーマンの本の題名で、翻訳版のタイトルは、『リーダーシップが滅ぶ時代』と少しオーバーなものになっている。内容は、先頭に立ってフォロワーを導く指揮命令型のリーダーの時代は終わり、「リーダー」と「フォロワー」と「状況」の三者が同じ重要性をもつようになったと主張する。フォロワーの役割が増加して（夫婦関係でいえば、妻の立場が強くなってというアナロジーを使っている）、リーダーとの境界が曖昧になってきているので、よいリーダーを育てるだけでなく、よいフォロワーを育てることが必要になっている。また技術革新により、たとえば情報の流れ方が変わってきているという状況や、リーダーに対する信頼感が薄れているといった状況をふまえてのリーダーシップ、フォロワーシップでなければならないとも述べている。「リーダーが答えをもっていないことが多いという状況に対応するには、指揮命令型ではなくフォロワーを尊重するリーダーでなければいけない」という意見は、チームビルディングの技術を有するリーダーが必要という主張と共通している。どちらも先頭に立たないリーダーの必要性を強調しているからである。自分自身にリーダーシップを発揮する場合でも、リーダーとして自分が先頭に立って「行け、行け」と言っても、フォロワーとしての自分は「じっくり腰を据えて考える」といった具合でなければならない。考える時間をもつべきなのだ。

(3) 一人親方に育つためのリーダーシップ

◆リーダーの資質はだれもがもっている

リーダーシップをリーダーになるための能力と考えると、だれもがもてるものなのかという疑問が生まれる。だれでもリーダーになれるわけではないという考え方があるからだ。私も時々、リーダーシップに関する講義をするが、頻繁に出される質問に「リーダーにふさわしい資質は、生まれついてのものがあるのではないか」というものがある。

この質問に答えるには、二つのことを説明する必要がある。リーダーシップはリーダーが発揮する能力であることは間違いない。誤解が生まれる原因は、課長や部長など職位が上で、偉いとみなされる人をリーダーと考えてしまうことだ。しかし前述したように、リーダーとは変化をつくり出す人で、命令する人ではない。命令では変われないことを変える人である。その意味では、組織の階層のあらゆるところにリーダーがいてよい。新入社員のなかにリーダーがいてもよいのだ。言い換えれば、課長や部長にはだれでもなれるわけではないが、変化をつくり出すリーダーにはだれでもなれる。変化をつくり出すのがリーダーという定義に従えば、たいていの人は何らかの意味でリーダーになることができる。

実際、学生から社会人になれば、行動様式を変えなければならない。子どもができて親になれば、従来と同じというわけにはいかない。責任が増えれば変わらなければいけない。人は自分にリーダーシップを発揮して少しずつ変わっていく。

もう一つは、リーダーになれる資質はだれでももっているが、氏より育ちで、生まれもった資質をどう鍛えるかで結果が左右されるということだ。

リーダーの資質に関する研究は昔からたくさんあったが、いろいろありすぎて、どれが正解かわからない。いやむしろ正解がないというほうが正しいくらいだ。なぜなら「脱線」とか「無能化」という現象が起こるからだ。これは、より責任の重い立場に進むにつれ、そこでやっていけなくなることをいい、主任のときは優秀であったのに、課長になるとうまくいかないとか、課長のときには優秀でも部長になるとうまくいかないという、実際の仕事の現場で時々みられる現象である。抜群の業績をあげていたＣＥＯが突然、結果が出せなくなったりする。

もしリーダーにふさわしい資質というものがあり、それが一過性ではなく生まれつきのものなら、このような現象は起こりにくいはずだ。リーダーの資質に、たとえば決断力というものがあったとして、決断力があれば、課長のときも部長のときも成功したはずだ。あるいは、地位が上がるにつれて要求される資質が増えるので、その資質が少ない人は、課長のときはうまくいったが、部長になりうまくいかなかったのだという説明や、地位が上がるにつれ自信過剰になったり驕慢《きょうまん》になったりして、本来の資質が発揮できなくなったのだという説明もありうるだろう。

◆リーダーシップは学習できる

だが、それ以上に上手に説明できるのは、どんな資質もコインに表と裏があるように、二面性があるという考え方だ。つまり決断力があるということは、ある意味で人の話をよく聴かずに独断専行するということで、周りの状況によって決断力があるとなったり、独断専行となったりする。私は人事勤労の仕事を通じて人の状況をずっとみる機会がたくさんあったので、この説に賛成したい。決断力があったために成功したケースも失敗したケースも知っているからだ。反対に、慎重だったことから成功したケースもあれば、それがために失敗し優柔不断と謗《そし》られたケースも知っている。どんな資質をもっていても、自信過剰に陥ったり、驕慢になったりしては、いつか失敗する。

リーダーシップは状況との関係で決まる相対的なものだとすると、状況は千差万別だから、それに見合う資質も千差万別で、ありとあらゆる資質がリーダーにふさわしいとなってしまう。そうであれば、資質について議論するのは意味が薄くなる。資質はなんであれ、リーダーに必要なのは変化を創造する能力で、生まれたときからいきなりリーダーができる人はいないことから考えると、コミュニケーション能力など別途、学習しなければならない部分が多いと考えざるをえない。昔からある「氏より育ち」説のほうが有力になってくる。

いずれにせよ、リーダーシップは生まれつきのものではなく、学習できるものであるとわかれば、あとは努力次第である。学習したリーダーシップ、変える能力を自分に対して使用して、自分を少しずつ好ましい方向に変えていけばよいからだ。

リーダーシップとは、変える能力のことで、変化をつくり出すために危機感を植えつけたり、変わることができた場合にどんなに楽しいことが待っているかを説明したりして、進むべき方向を指し示す能力だと定義した。では一人親方に育つためには、このリーダーシップを何に対して発揮すべきなのか。

自律した専門家である一人親方になるためには、自分自身の価値観がよくわかっていることが、まず必要である。「自分自身の価値観は?」という自問をもう少しわかりやすい言葉にすると、「自分は何をしているときに、いちばん自分らしいと感じるか」である。さらに単純化すれば、「自分は何が本当に好きなのか」になる。自分の好きなこと嫌いなことがわかって、次に、なぜ好きなのか、なぜ嫌いなのかの理由を考えて初めて、自分の価値観にたどりつくことができる。自分の価値観がはっきりしてくると行動の選択が容易になり、自分で計画したことが実行できて静かな自信も生まれる。

しかしこの作業も簡単ではない。時間をかけてさまざまな角度から自分を観察することが必要になる。したがって自分自身にリーダーシップを発揮して訓練しなければならないのは、自身を間違いなく理解する能力である。自身を観察する能力が十分になければ、いたずらに自分探しや天職探しに時間を費やすことにもなりかねない。自分探しや天職探しはたいてい外側のことばかりみることになるので、もっと自分の内面に目を向けなければならない。自分らしいとは何かが理解できれば、自分らしいキャリアもはっきりする。目標が決まれば、それに向かって努力すればよい。

◆自分を観察し、自分らしさを見つける

もともと自分は何が好きかがはっきりしている人は、何をめざすべきかについても迷うことは少ない。問題は、自分は何が好きかよくわからない人である。何が好きかわからない。その結果として、自分らしいとはどういうことかも、わからない場合である。

自分は何が好きかを判断するいちばんよい方法は、どんなことをするときに時間をいとわないかを見つけることである。この発見には少し時間がかかる。私の場合は、本を読むのに費やす時間が非常に多い。しかしそれだけでは好きなことがわかったとはいえない。どの分野の本を読むのにもっとも時間を使っているのか。本棚を眺めてみると、経済学、経営学、戦略論、株式投資、冒険小説やスポーツに関する本、戦記や歴史の本が多いことから、どうやらリスクや勝ち負けがともなうものが好きらしい。別の分類でみると、過去・現在・未来という視点で一つの事象をとらえたものが多く、大きなテーマを考えたりトレンドを予測したりすることも好きそうだ。

時間を使うことをいとわないという視点から最近、発見したのが、私はスキーがかなり好きだという事実である。毎年四、五回はスキーに行くので、好きだとは思っていたが、あまり上手ではないので、これまで趣味の欄にスキーと書いたことはない。ジョギングやゴルフや野球と同じ程度の、「そこそこ好き」なレベルで、経済動向の先行きを考えるのが好きだとか、冒険小説が好きだとかいうのに比べれば、数段下の好きさ加減と考えていた。ところが六十歳を過ぎてから、リュックに入れるもののチェックリストをつくっていたら、妻に言われた。「スキーのときだけ自分で荷づくりし、チェックリストまでつくるのね」。

そう言われてみると、荷物の多い海外出張のときでもパッキングは妻任せで、チェックリストなどをつくったことはない。スキーが好きなのだと考えざるをえない。スキーそのものよりも、仲間とのスキーのあとの温泉とお酒が好きなだけだと思っていたが、スポーツとしてのスキーも好きらしい。野球やジョギングと違って、スキーには少しだけ怖いところやスリルがあり、それがあるがゆえに、どうもスキーが好きそうだという観察になる。妻の指摘を受けるまで、自分の好きなことが本当にはわかっていなかったということになる。やはり自分が好きなことを理解するには時間がかかる。まして自分らしさを見つけるのには時間がかかると認識すべきなのだ。

自分らしさを発見するためには、自分は何が好きかを考えるのがよい。いちばん時間を使っているのは何かを調べてみてほしい。しかし、もう一つ観察したほうがよいことがある。それは各人がもつ、物事を学習するときの好みである。これを調べる方法はいくつかあるが、何か新しいことを始める場合、何をしたかを振り返ってみると手掛かりが得られる。たとえばゴルフを始めたときに最初に何をしただろうか。

①熟考型（reflector）…練習場に行っていろいろ打ち方を練習したり、コーチについたりしたあとでコースに出た

②理論型（theorist）…ゴルフの技術に関する本をいろいろ買って研究した

③実践型（pragmatist）…本を読むのは面倒なので、すでにゴルフをしている先輩や同僚に、質問したり教えてもらったりした

④行動型（activist）…練習場でたいして練習も積まないうちにいきなりコースに出て大叩きしたのち、練習場に行った

①〜④は、一人の人が一つのタイプに属するというわけではなく、二つ以上のタイプをもつこともある。また物事を学習するときは、まず経験し（行動）、経験を振り返り（熟考）、経験から教訓を引き出し（理論）、次のステップを計画する（実践）という順序で進むように思えるが、実はそうとは限らない。物事はどこから始めてもよく、この四つの局面を回れば学習できる。この点は、それぞれの局面を代表する作業で考えるとわかりやすい。すなわち①は自分自身を知ること（内省）、②は優先順位をつけること（焦点整合）、③は自分に合った計画を立てること（調整）、④はやってみること（実行）となる。②の焦点整合（フォーカスを絞る）に関していえば、過去の教訓を整理し優先順位を明らかにしたものが理論であり、テキストである。

◆学習スタイルを知って取り組む

学習する際の各人の好みをラーニング・スタイルという。この考え方は、心理学者でコンサルタントのピーター・ハニーとコンサルタントのアラン・マンフォードの二人によって使いやすいアセスメントにつくり上げられていて、私もコロンビア大学のエグゼクティブコースに参加した際、自分自身を知る作業の一環として質問紙に回答した。結果は、④が比較的強い好みで、同時に②と③を平均的に好んでいて、①については非常に低い点数だった。

ゴルフの例でもわかるように、人には物事を学習する際、自分の好みのやり方で始める。しかしそれがどこからかは問題でなく、大切なのは四つの局面をぐるぐる回ることである。このことが理解できれば、自分自身を訓練することも少しはやりやすくなる。

たとえば計画を立てるよりはまず、行動してしまうタイプなら、行動してからいったん立ち止まって反省し、それを次の計画に生かす努力をすればよい。反対に、計画は立てるが継続することが苦手なら、計画にはできるだけ中間目標を細かく設定するなどの工夫を加えればよい。①の特徴が弱い私の場合は、十分に経験を振り返ることをしないまま、次々と新しいことを計画し実行する傾向があり、注意しなければならない。

学習の仕方にもいろいろあり、自分の好きなやり方で始めればよいということであれば、自分らしいとはどういうことかを知る作業にも少しはとりかかりやすくなる。

エピローグ
人材開発の位置づけを変える

◆雇われる能力を身につける機会を提供する

本書では、プロ人材に自分で育つために必要な三つの力のうちの「育つ気持ち」を中心に議論を進めてきた。しかし、育つ気持ちを支援する「育てる力」と「育つ場」も内外コンテキストの変化に応じて変わるべきである。どう変わるべきかについて最後に整理したい。

育てる側の戦略目標は、組織内一人親方をたくさん育成することだが、下位の目標は労働市場の流動性を確保することになる。一人親方は、自分の能力にふさわしい処遇や仕事を求めるので、ふさわしくないと思えば退職してしまう。自律性の高い人材を育てると、人材の流出という不安定材料が増えるのだ。希望退職を募集すると、他社でも活躍できる自信のある優秀な人材が応募する事態を避けることがむずかしくなる。M&Aを行なった場合でも同様なことが起こる。だが、グローバル競争の時代は変化が激しいので事業構造の変更は避けられない。そのため人材の組み換えが必要になるので、労働市場の流動性が高いことが好ましい。優秀な人材を市場から獲得できるからだ。もちろん企業は優秀な人材に逃げられないよう工夫しなければならない。グローバル競争時代の人材マネジメントの基本が「人を引きつけること」(attract)と「確保」(retain)といわれるゆえんである。

こうした時代にあっては、企業は雇用についてもっと正直でなければならない。終身雇用のような長期雇用は保証できないからだ。だが、雇用は保証できなくとも、一定期間以上働いてもらえば、他の企業でも「雇われる能力を身につける機会」は保証できる。仕事を通して専門知識や社会人としての常識など、生きるために必要な能力を身につけることができるからだ。ただし提供できるのは、あくまでも機会と育つ場であって、本人にそれを利用する気持ちがなければ、他社からも雇われる能力は身につかない。それは本人の責任である。したがって会社は、「できるだけ長く働いてもらいたいし、そうできるよう会社として努力する。ただし長期雇用は保証できない。その代わり、仮に当社を離れるような場合でも、他の会社に雇われるような能力を身につける機会の提供は、保証する」と新入社員に宣言すべきである。このように会社の姿勢を明確に示すことは、人材開発プログラムの基本方針を示すと同時に従業員の「育つ気持ち」を促すことにもなる。

この方針に従うなら、会社は、自社で役に立つことだけを教えるのではなく、他の会社においても役に立つことを教えなければならない。知識には、大きく分けると、社会で暮らすうえで必要な知識(一般常識)と仕事をするために必要な知識(専門知識)がある。専門知識のなかにも、その会社での仕事に必要とされる専門知識（company specific）と、どこの会社でも使える専門知識に分かれる。会社は当然、前者は教えるが、後者にも配慮しなければならない。具体例を人事関係で示すと、自社の昇給制度や評価制度だけでなく、処遇制度の基本になる労働法制や労働慣行と自社の制度の関係、世の中の一般的な昇給制度や評価制度なども教えなければならないということだ。「企業内教育では、とてもそこまではできない」ならば、社外のセミナーなどで自分で勉強できるよう、費用を給与に織り込まなければならない。要は、会社が果たさなければいけない責任は、「雇われる力をつける機会を従業員に提供することにある」と自覚する必要がある。

そうなると上司の役割も少し変わってくる。課長や部長というポストにある人は、リストラのときに、肩をたたくという嫌な役目を負わされる。だが、普段から「明日からサッカーはあり」と教えていたり、他社でも通用するように育てていたりすれば、この役割に耐えることができる（そもそも上司自身が希望退職やリストラの対象になる可能性もあるので、自分も含めて）。組織によりかかるのではなく、組織を利用して自分のやりたいことを実現すると理解させておくほうが正しいのだ。他社に雇われる能力があれば、理不尽な業務や不正な業務を押しつけられそうになったときも、「そんなことはできない」「それでは、やめさせていただきます」と言いうる。

◆人材開発力は闘うための武器

上司の役割として、もう一つ「強いチームをつくる」がある。グローバル競争の時代は、いろいろなところから競争相手が現われる。競争も一回勝てばそれでよいとはならない。パソコンの勝者がＩＢＭからデルへ移ったように、またパソコンが他の携帯端末にその地位を奪われつつあるように、グローバル競争は、この先も長く続き、勝ちパターンも定まっていない。生き延びるための唯一最良の方法が、「競争に勝っても負けても、一試合ごとに強くなる」である。そのために上司の果たす役割は大きい。負けた場合は原因分析と対策、勝った場合は勝因の維持などに努め、そのうえで次の闘いに備えてチームのメンバーそれぞれが成長できるよう手を打たなければならない。

私の講義では「五年後に何をしていたいですか、そのためにいま、何をしていますか、三ヵ月後は何をしているべきだと思いますか」という質問を時々する。これを三分間で説明せよと言っても、多くの受講生は一分半ぐらいで終わってしまう。課長クラスでもそうである。普段、考えていないのだ。これでは自分が育ちにくいだけでなく、部下は育たない。五年後のことは当然、大きな絵にならざるをえず、細部はぼんやりしていても仕方がないのだが、自分のチームがどの程度の闘いができるようになっていたいというイメージはもっているべきであり、自分自身も専門分野ではどのくらいのレベルに到達していたいかが明確でなければ、闘い方のイメージがつくれない。「おそらく部長になっている」「たぶん違う仕事に移っている」程度のイメージでは、話は三分間も続かないのだ。

上司は課長クラスに対し、部下を育てるのは倫理上の義務ではなく、動的戦略実現能力を重視するグローバルな闘い方のトレンドにもとづく、実戦的な要請であることをきちんと理解させないといけない。一試合ごとに強くならなければ、新たに登場する競争相手と闘うことはむずかしくなる。

人を育てるのは上司だけの役割ではない。人材開発の企画担当者の仕事でもある。会社が提供する人材開発プログラムの内容は、この人たちの力量によって左右される。世の中は、自分のもつ資源だけで闘うのではなく、これから獲得する資源も含めて闘うのだという動的戦略実現能力が重視される世界になっているので、人材開発力で世界と闘っているという気概を強くもってもらう必要がある。人材開発力が弱くては勝てない。

自社にない資源は外から買うという方策は当然ありうるが、外部の優秀な人材を引きつけるには、あの会社にいけば能力が発揮できるというだけでなく、「能力が伸ばせる、自分が成長できる」という要素がきわめて重要である。お金だけでないのは明らかである。外部から人材を採用する場合も人材開発力はブランドとして大きな武器になりうるのだ。まして内部で育てるためには、「自分で育つ」を支援する能力が強くなければならない。製造会社のエンジニアが世界のトップクラスでなければ、世界のトップクラスの製品はつくれない。同様に、人材開発担当者が世界でトップクラスでなければ、企業もトップクラスにはなりえない。

最近の人材開発担当者は、ベンダーから物を買う調達担当のような感じで、「課長研修をするけど、おたくはどんな講義ができますか」と提案を求めてくる傾向が強い。あるいは「アクティブラーニングを取り入れたい」「レジリエンスを高めたい」など、流行のテクニカルタームを使って要求仕様（購入の条件）とする。ひどいケースだと、「インパクトのある授業をしてもらいたい」などという定義さえわからない要望すらある。業者が提案するものから、良さそうなものをピックアップして使おうという態度である。

「ところで、なぜそういう授業が必要と思うのですか」「あなたの会社の問題点はなんですか、またなぜそう思うのですか」という類いの質問をすると、さして具体的な答えは返ってこない。どこの会社も課長研修の全体像は似たり寄ったりである。大方は、まず役員や人事部長の話があって、次にパワハラ、セクハラ、コンプライアンス、メンタルヘルスなどの話が並び、息抜き程度に外部講師の講義、最後がグループ討議である。やってはいけないことのオンパレードで、部下の指導には萎縮して取り組めなくなりそうだ。これで元気が出るとは思えない。こういうカリキュラムで参加者はおもしろいですか、とたずねると怪訝な顔をする。

パワハラ対策やセクハラ対策が重要でないとは言わないが、せっかく課長を集めたのだから、会社の問題点、進むべき方向、会社の成長に今後どういう人材が必要なのかなど、ビジネスの根幹に触れて自分の役割を考えさせるプログラムが必要ではないか。戦略があって、戦略を実行する手段のひとつとして人材開発があることを、もっと人材開発担当者は肝に銘じてほしい。

◆研修は実施したら「終わり」ではない

研修担当の仕事は、研修を実施することだけではない。この点を理解している人が少ないのはとても残念だ。研修は受講生の特徴を見極めるのにとても良い機会なのだ。

受講中の態度、討議の仕方、本人の発言などを通していろいろなことがわかる。特に合宿研修はその機会として適している。これらの情報は自分で育つのを応援するのに使うことができるからだ。

たとえば評価ポイントを決めて観察すると（ここでの評価ポイントとは、受講成績の良し悪しではない）、そろそろむずかしい職務にチャレンジさせてもよい、意見が現状維持的、新しい職務で苦戦中、仕事がマンネリ化している、リーダーシップのタイプは指揮命令型、などの情報が取得できる。これらの情報を組織単位にまとめると部門別の特徴が把握できるので、次にどういう研修をしたらよいかを事業部門に提案したり、各人には、どういうコースを受けたらよいかが助言できる。

なお、こうした情報は本人の資質の優劣と誤解されるといけないので非公開とし、教育部門内でのみの活用が原則である。人事担当にも教えたりはしない。私は、社長から次のアサインのための情報として知りたいという意味で「どう？」と聞かれたときだけは答えた。これは、チーフ・エデュケーション・オフィサーは社長という規定に従ったもので、育成のための質問と理解できた場合のみである。

研修プログラムについても、教育して終わりではなく、教育効果をきちんと追求するべきである。教育効果の測定をせよ、と言っているわけではない。教育効果の測定にはいろいろな考え方があり、コストもかかる。それはそれで、やり方を工夫しなければならないが、教育は準備体操と考える立場からすると、準備体操が効いたかどうか、すなわち職場に戻ったあとの仕事ぶりに効果が表われたかに着目することになる。それゆえ、習ったことを使ったかを追跡調査すべきである。

通常、習ったことの大部分は三ヵ月もすると失われてしまう。使った場合のみ、失われる量が少なくなる。１００日プランで述べたように、リ・エントリー・プログラム、すなわち職場に戻ったあとに習ったことをどう使うかを考えさせるのは、このためだ。使うように自分で計画を立てさせるのが狙いだ。アンケート調査は、研修終了直後だけでなく三ヵ月後にも実施し、結果をプログラムの改定に反映させる。人材開発力を高めるのが仕事である人材開発担当者は、グローバル競争時代の第一線の戦闘員であり、後方支援部隊員ではない。

おわりに

さすがに病気をした直後は五年先を考えることはできなかった。半年後、一年後がやっとで、それも再発していなければという前提条件つきである。あまり大きなことはイメージできない状況が続いた。しかし三年が経過するころになると、徐々に遠くが考えられるようになってきた。いまなら「五年後に何をしたいか」を答えることができる。二〇一五年にブレンド型eラーニングとインターバル学習を組み合わせたセミナーを導入したが、この対象を広げたい。ポイントは、反転学習である。

反転学習とは、事前学習を主とするように変えよう（主と従を反転させよう）とする考え方である。学習は、教科書を自分で読んで理解し考えるのが本来で、そこで生じた疑問点を解消したり、討議を通してさらに理解を深める場としてクラスがあると理解されていた。事前の学習が主でクラスは従である。ところが事前学習をしてこないので、クラスで先生がテキストを説明するようになった結果、事前学習はやらなくてもすむものになってしまった。クラスが主で事前学習は従である。これでは学習効果は出ない。事前学習した人にとっては、クラスが同じことの繰り返しになりつまらない。このことを改善するものである。

事前学習にeラーニングを活用する試みは多くある。しかし実際は、これまでつくられたeラーニングの内容があまりおもしろくないので、たいして予習効果が生まれていない。これに対してブレンド型eラーニングは、もともと一つのクラスでの講義をeラーニングとクラス講義に分割したもので、eラーニング部分はクラスの予習となるようにつくられている。3Dラーニングの考え方でいうと、クラスはeラーニングで習ったことを使ってみる場である。しかし、これだけでは刺激が十分とはいいがたい。

この部分を改善するために開発したのが、「事前課題をこなすとeラーニングのパスワードがもらえる」「途中にクイズがあり、クイズに合格しないと次の章に進めない」「eラーニングを終了しないとクラスに参加できない」という仕組みである。クイズに数々の工夫があり、クイズの答えの送信スイッチを押す際はどきどきするという感想があるほどである。

これに組み合わせるインターバル学習とは、講義と講義の間隔を長くとり、その間で習ったことを使って宿題をしてくださいというものだ。宿題の結果によって次の講義内容も柔軟に修正できる。習ったことを使ってみた結果のフィードバックがしやすいのもメリットのひとつである。現在はリーダーシップ入門と戦略論入門の二コースしかないが、学習効果が高いと実感しているので、増やしていきたい。

＊

今回、この本で説明したいと思っていたのは、チャンスのつかみ方やキャリアの岐路での判断の仕方などであった。理由は、前著『組織内一人親方のすすめ』では十分に説明できていないと気になっていたからだ。そのため、遠くが見通せる高台の見つけ方を使って不確実性の分類をする、戦略目的を階層化する、フェーズ区分、成功・不成功の判定基準をあらかじめ設定するなどの方法を解説した。しかし、立てた戦略を実際に実行し、やり遂げるという問題が残っている。遠くの旗としてのキャリア観と自分自身に対して発揮するリーダーシップというのが解決策なのだが、いまひとつ説明が足りないと感じ、いろいろ考えた。目標に向かってがんばる気持ち、自己実現的予言を実現してしまう力といったものなのだが、うまく説明する方法が思いつかず、この本の終わり方に苦労していた。

ところが、好ましい偶然が起こったのだ。二〇一六年六月中旬、ペンシルバニア大学ウォートンスクールの会議に出席した翌々日のことである。フィラデルフィア空港のゲート前の待合席で、会議のゲスト・スピーカーであったダックワース教授の本を夢中で読んでいたとき、私の肩をとんとんと叩く人がいた。振り返ってみると、小柄な品の良いご婦人が立っていて、「その本は、私の娘が書いたの」と言った。「そうですか、それはそれは。この本は、とてもおもしろい」と伝えたところ、「娘に、空港であなたの本を読んでいる人がいたと知らせたい」というので、講演の様子など雑談したうえで名刺を差し上げた。この出会いのお蔭で一層関心深く、その本『GRIT：the power of passion and perseverance』を読んだのだが、そこに、探していた答えが書かれていた。

gritという単語にはなじみが薄く、辞書を引いても語感がぴんとこない。日本に戻ってから妻の寿子に訊いてみると、「あら、それは挽《ひ》き割りトウモロコシのことよ」という答えが返ってきた。トウモロコシを粉にしようと臼でごろごろ挽いても、いつまでも粉にならずに残る粒々のことだそうだ（その後、北国出身の男性から、グリットはスノータイヤに入っている滑り止めの粒々のことで、通常クルミの殻からできているとも教えてもらった）。それで、理解できた。grit は、単なる抵抗力ではなく、プレッシャーに長く耐える力なのだ。「成功の秘訣は、グリットにあり」がダックワース教授の答えなのだが、心理学の本で、いろいろな実験や体験を重ねて、結論に近づいていくところがおもしろい。どのような努力が、グリット度を上げていくかも書いてあり、「自分に対してリーダーシップを発揮する」を心理学の立場から説明している。「慎重に計画された訓練を実行する」がポイントで、やみくもに練習するのではなく、改善すべき点を定めて、どうすれば改善できるかをよく考え、できるまで辛抱強く練習を繰り返すというのがその趣旨である。

「慎重に計画された訓練」とは、別な表現をすれば「戦略的に考えられた訓練計画」と同義で、100日プランの「従来と行動を変えなければいけない点を考え、実行可能な計画になるよう工夫する」である。「できるまで繰り返す」は、「自分で立てた計画を実行できたことで自分に対する信頼性がたまるが、この貯金が増えないとリーダーとして認められない」から、がその理由に相当する。しかし、「できるまで練習せよ」のほうが直接的でわかりやすい。努力の中身をもっと説明すればよいのだ。前著では「行きたいと思っていれば行くことができる。偶然を味方につけるという考え方に立って、めぐってくる場面、場面でがんばれ」と書いたが、それに「ガッツをもって」とつけ加えるべきだったのだ。「つくった戦略をやり抜く意志の強さ、ガッツが必要」と、ここでつけ加えよう。

空港でダックワース教授のお母さんに会うという偶然が、探していた答えにたどりつかせてくれたといってよい。久しぶりにウォートンスクールの会議に出るという努力が教授の本を引き寄せた。やはり、「場面、場面でがんばれ」(pay attention to what you do) は正しい。そうすれば、好ましい偶然にめぐり会える。

本書の執筆は「したい仕事」を改めて考えるとてもよい機会となり、やりたいこともいくつか明確になった。そのひとつが、人材マネジメントの再検討で、本書で整理した内外コンテキストと対比して現状の改定案を考えてみたい。そのうち機会がめぐってくるかもしれない。「いつか行きたいと思っていると、行ける」は「したい仕事にも当てはまる」からである。

「組織内一人親方」と「したい仕事」についてもう一度考える機会をつくってくれた経団連出版のみなさん、それにいろいろなヒントを提供してくれた経団連グリーンフォーラムと3Dラーニング・アソシエイツでのセミナー受講生に心から感謝したい。いつものように、執筆中の健康管理に留意してくれた妻の寿子にもお礼が言いたい。

二〇一六年七月

関島　康雄

参考文献

プロローグ

高橋俊介『21世紀のキャリア論－想定外変化と専門性細分化深化の時代のキャリア』二〇一二年

IMD Faculty, *Mastering Executive Education: How to Combine Content with Context and Emotion: The IMD Guide*, 2005

第1章

伊丹敬之『経営戦略の論理 第3版』二〇〇三年

ジャック・ウェルチ『ウィニング 勝利の経営』二〇〇五年（*Winning*, 2005）

中室牧子『「学力」の経済学』二〇一五年

石倉洋子『戦略シフト』二〇〇九年

第2章

スザンヌ・バーガーほか『MITチームの調査研究によるグローバル企業の成功戦略』二〇〇六年（*How We Compete*, 2005）

クリス・アンダーソン『ロングテール（アップデート版）－「売れない商品」を宝の山に変える新戦略』二〇〇九年（*The Long Tail: Why the Future of Business is Selling Less of More*, 2006）

青島矢一、武石彰、マイケル・A・クスマノ『メイド・イン・ジャパンは終わるのか－「奇跡」と「終焉」の先にあるもの』二〇一〇年

藤本隆宏『日本のもの造り哲学』二〇〇四年

第3章

イゴール・アンゾフ『企業戦略論』一九六九年（*Corporate Strategy*, 1965）

マイケル・ポーター『競争の戦略』一九八二年（*Competitive Strategy*, 1980）

リチャード・パスカル、アンソニー・エイソス『ジャパニーズ・マネジメント－日本的経営に学ぶ』一九八一年（*The Art of Japanese Management*, 1981）

ゲイリー・ハメル、C・K・プラハラード『コア・コンピタンス経営－大競争時代を勝ち抜く戦略』一九九五年（*Competing for the Future*, 1995）

マイケル・E・ポーター、竹内弘高『日本の競争戦略』二〇〇〇年（*Can Japan Compete?*, 2000）

寺西重郎『経済行動と宗教－日本経済システムの誕生』二〇一四年

金井壽宏『リーダーシップ入門』二〇〇五年

E. P. Hollander, "Processes of Leadership Emergence", *Journal of Contemporary Business*, **Autumn**, 1974

B. J. Calder, "An Attribution Theory of Leadership", *New Directions in Organizational Behavior*, **179**, 1977

R・グリーンリーフ『サーバントリーダーシップ』二〇〇八年（*Servant Leadership: A Journey into the Nature of Legitimate Power and Greatness*, 1977）

J. M. Burns, *Leadership*, 1978

Henry Mintzberg, "The Manager's Job: Folklore and Fact", *Harvard Business Review*, **7-8**, 1975

ジョン・P・コッター『ザ・ゼネラル・マネジャー－実力経営者の発想と行動』一九八四年（*The General Managers*, 1982）

John P. Kotter, "What Leaders Really DO", *Harvard Business Review*, **5-6**, 1990

ノール・M・ティシー、イーライ・コーエン『リーダーシップ・エンジン－持続する企業成長の秘密』一九九九年（*The Leadership Engine: How Winning Companies Build Leaders at Every Level*, 1997）

ヘンリー・ミンツバーグほか『戦略サファリ［第2版］－戦略マネジメント・コンプリート・ガイドブック』二〇一二年（*Strategy Safari: Your Complete Guide Through the Wilds of Strategic Management*, 2nd Edition, 2008）

池田信夫『イノベーションとは何か』二〇一一年

清水政彦『零式艦上戦闘機』二〇〇九年

ポール・ケネディ『第二次世界大戦 影の主役－勝利を実現した革新者たち』二〇一三年（*Engineers of Victory: The Problem Solvers Who Turned The Tide in the Second World War*, 2013）

第4章
渡部昇一『ドイツ参謀本部』一九七四年
飯倉章『第一次世界大戦史 - 諷刺画とともに見る指導者たち』二〇一六年
ケン・ブランチャードほか『ケン・ブランチャード リーダーシップ論［完全版］』二〇一二年（*Leading at a Higher Level: Blanchard on Leadership and Creating High Performing Organizations*, 2006）
第5章
高橋俊介『キャリア論 - 個人のキャリア自律のために会社は何をすべきなのか』二〇〇三年
バーバラ・ケラーマンほか『ハーバード大学特別講義 リーダーシップが滅ぶ時代』二〇一三年（*The End of Leadership*, 2012）
おわりに
Angela Duckworth, *Grit: The Power of Passion and Perseverance*, 2016

関島康雄（せきじま・やすお）
1966年一橋大学経済学部卒業後、日立製作所入社。小田原工場総務部長、国際調達部長、日立PC社（アメリカ）社長などを経て、99年㈱日立総合経営研修所所長、2001年より同研修所社長、06年より3Dラーニング・アソシエイツ代表。著書『Aクラス人材の育成戦略』『チームビルディングの技術』ほか

キャリア戦略《せんりゃく》
プロ人材に自分で育つ法　組織内一人親方のすすめ

著者◆
関島康雄

発行◆平成28年9月20日 第1刷

発行者◆
讃井暢子

発行所◆
経団連出版
〒100-8187 東京都千代田区大手町1-3-2
経団連事業サービス
URL◆http://www.keidanren-jigyoservice.or.jp/
電話◆［編集］03-6741-0045［販売］03-6741-0043

印刷所◆精文堂印刷

ISBN978-4-8185-1606-9 C2034